在希臘發現愛

愛在午夜希臘的心旅記

文・攝影：陳彧馨

目錄

序曲

重返希臘，幸福未完待續

關於 電影 / 09

關於 書 / 11

Part I

旅行的意義及方向，只有你知道

塞薩洛尼基：每次希臘行的起點

歷史洪流中的吉光片羽 / 18

一趟旅行，百種記憶 / 21

勝利大道上，因禍得福 / 25

脫離柴米油鹽的輕鬆 / 30

Part II

奔走在午夜希臘的路上，戲如人生？人生如戲？

聖多里尼島：我的午夜希臘正上演

橙色月亮和銀白月亮 / 34
將祝福帶著走，在黑暗中變成一盞光 / 39
讀萬卷，行萬里，百聞不如一試 / 44
詩和遠方，和那苟且的日常 / 49
最美的落日 / 54
鮮魚的價格 / 59
看不到日落的 Sunset 餐廳 / 65

伯羅奔尼薩：追尋夢想中的羅曼蒂克

卡達米利，渴盼為人生打開一扇窗 / 68
激情難以持久，旅行卻能有新貌 / 71
跳脫日常，全面解放 / 75
觀察世界，複製人生 / 79
星空雖美，玫瑰卻是近在咫尺 / 83
夢想不是努力的終點，是下個夢想的起點 / 86
斯巴達、米斯特拉與邁錫尼 / 90
翻山越嶺後那眼見的真實 / 93
橘子樹裡的米斯特拉 / 96
邁錫尼城裡的人生 / 102
納普良，永遠是「人」讓你記憶深刻 / 108
淡旺季，有兩種價格 / 112

PartIII

跳脫日常，看見不一樣的人生

北希臘：人生近晚也不能失去熱情

遇上希臘舒馬赫 / 118
路上遇到羊 / 121
人定勝天，半空中的修道院群 / 127
神所在的地方，雨天炎天 / 131

雅典：擁抱不可思議的他鄉也是趣味

塞車、罷工與球賽 / 138
尋找生髮香皂 / 144
一日觀光船的殺價事件 / 149
沒有車的伊德拉 / 151
非常小的波羅斯 / 156
充滿開心果的愛琴娜 / 161

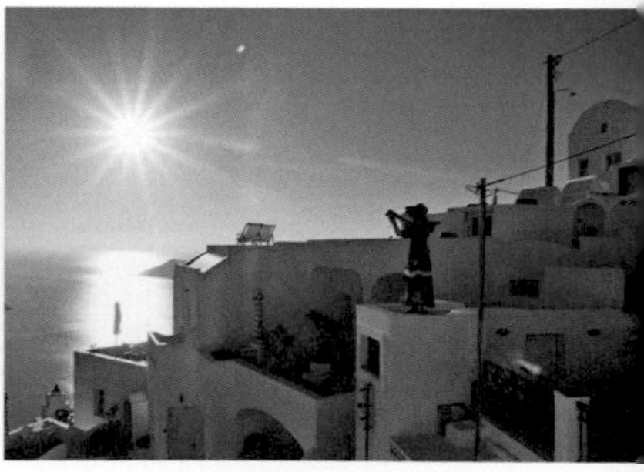

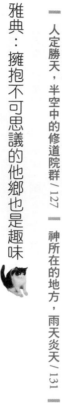

PartIV

走「不」尋常路，帶著孩子旅行

希俄斯島：發現真實的風景

多多君來了 / 168 ■ 淡季的海島 / 170 ■ 黑白色的小鎮 / 174

都是因為乳香脂 / 180 ■ 山居歲月 / 182

一個只有兩間餐廳的山村 / 185 ■ 三隻貓、兩條狗、一個人 / 188

超觀光山城 / 192 ■ 望海的時光，沒有人的沙灘 /197

希俄斯最好的餐廳 / 202 ■ 希波生日，奇異的蛋糕 /207

驚險的免費帆船體驗 / 210 ■ 另一個小島的世界 / 216

後記

2016 年的邊界紀行 / 221

序曲

重返希臘，幸福未完待續

塞薩洛尼基，2016年10月。

「沒想到會再回到這裡，還待那麼多天。我一直以為，再來希臘，應該是回聖多里尼，不然也是其他的島嶼。」我轉頭跟希波說。

其實更精確地說，我沒想到這麼快又重返希臘，這個在人生中畫上濃墨重彩一筆的地方，畢竟那一丁點大的「濃墨重彩」，現在也不過兩歲多。本來以為這個在上一次希臘旅行中有的孩子，會讓流轉不停的旅行人生進入暫時歇止狀態。不過大概這也是一個熱愛旅行的小傢伙，有了他之後，被迫或自願的移動不減反增，兩歲的孩子已經走過四大洲，而來希臘前，才剛與我在巴黎度過一個月的母子甜蜜時光。

愛琴海的日落美得像畫

巴黎，然後希臘，這兩個我心中世界最美的地方，也剛剛好是《愛在日落巴黎時》與《愛在午夜希臘時》的拍攝地。

我的第一本書，就是以這部愛情三部曲為主題的《愛在日落破曉時：我的巴黎．維也納》。事實上，上一趟來希臘，也正是因為看完第三集《愛在午夜希臘時》，決定以寫下一本書為目的而誕生的旅行。不料追隨Jesse與Celine腳步的結果，是如電影般有了希波與我的愛情結晶，書沒有寫成，小兒多多卻誕生了。

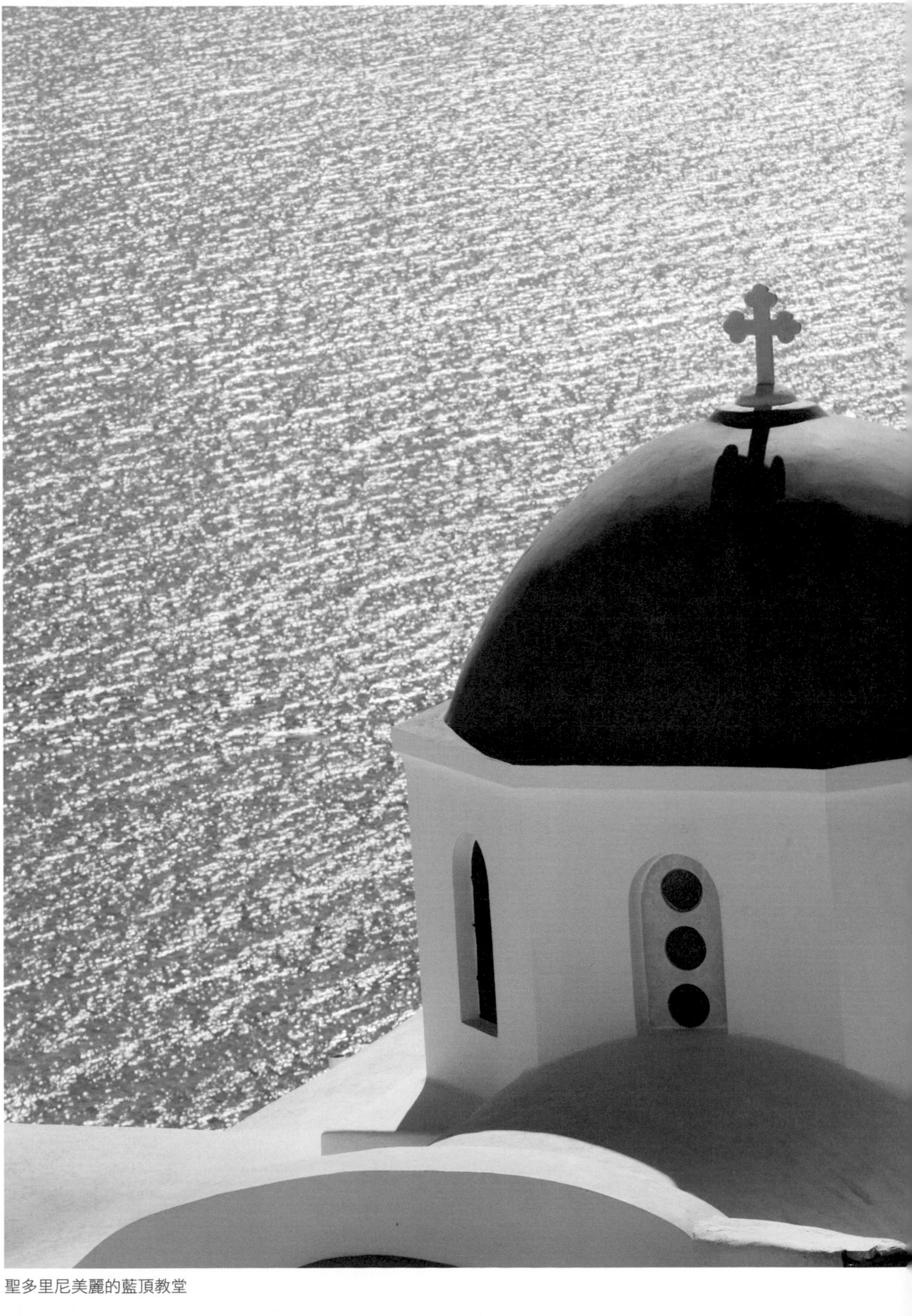

聖多里尼美麗的藍頂教堂

剛適應新手媽媽的身分後，因為各種原因，我帶著多多，有時也有希波，在世界各地遊走。旅行間，這本念茲在茲的「續集」始終勻不出時間著手，反而陰錯陽差先出版了《一百種東京》。最後終於因為希波出差的緣故，我們有了機會帶多多返回希臘，見了叨念許久的多多的希臘教母，又完全忘我的享受淡季的希臘第五大島希俄斯（Chios）。

「所以妳沒有藉口了吧？」希波說，「連多多都來希臘，這不是跟電影裡Jesse和Celine帶著女兒來的情節很像？再說，上一本書至今，也間隔九年了，電影的續集也不過花了九年就上映了，我想妳也該動手把書寫完了吧？」

於是您將看到的這本《在希臘發現愛》，除了介紹希臘的蔚藍天海、島嶼風情、電影主要拍攝地伯羅奔尼薩、首都雅典和第二大城塞薩洛尼基外，還會有希波與我，以及多多的一點日常。當然還有浪漫的愛情，也有真實的人生。

戲如人生。

伊亞獨特的建築美景

關於 電影

或許您不是這系列電影的影迷，所以，我想在這裡簡單說明一下電影情節。雖然沒有看過電影並不妨礙閱讀，但是如果知道劇情更能夠在閱讀時增添許多趣味。

《愛在黎明破曉時》（Before Sunrise）1995

Jesse 和 Celine 在前往維也納的火車中相遇，Jesse 因為失戀準備自維也納搭機返回美國。Celine 則是要在維也納轉搭回巴黎的火車，她是法國人，正在從去布達佩斯探望外婆後回家的路上。他們在火車上一見如故，發生許多有意思的對話，因此一起在維也納下火車，在這座音樂之都花一天一夜了解彼此。當黎明到來，兩人即將分手之際，決定彼此不要互通音訊，但相約半年後在維也納車站再見。

《愛在日落巴黎時》（Before Sunset）2004

Jesse 把在維也納與 Celine 的一段情寫成一本書（透過之後 Before Midnight 知道這本書的名字是 THIS TIME），結果書在法國賣得不錯，他因此前來巴黎的莎士比亞書店開簽書會。常來莎士比亞書店的 Celine 知道了這個消息，特地到書店找 Jesse。原來當年因為 Celine 的外婆過世，她因此無法赴約，而十分想要找到她的Jesse 自此再沒有她的消息，於是在人生中留下了一個深深的空洞。兩人終於相遇，便在浪漫的巴黎散步，去咖啡館聊天，到 Celine 家中小坐。彌補彼此過去的空白。與上次相同的，是他們的時間依舊有限，因為簽書會當天傍晚，Jesse 就要飛回美國。兩人聊著彼此人生，Jesse 知道 Celine 幾段破碎的感情和工作，Celine 知道Jesse 結婚有了兒子，然而兩人間的情愫還在，於是在滿是夕陽餘暉的Celine 公寓中，司機在樓下等著接Jesse 前往機場的狀態下，兩人相視。電影又在此落幕。

《愛在午夜希臘時》（Before Midnight）2013

一開頭就是Jesse和Celine送Jesse兒子上機的場景。兩人已經在一起，有一對看起來大概五、六歲的雙胞胎女兒，他們應朋友之邀來希臘的伯羅奔尼薩半島旅行，待了一個半月的時間，期間跟希臘朋友做菜、談人生的種種失去和Jesse要發表的新書（他把和Celine在巴黎相遇後的事也寫成書，書名叫THIS TIME），兩人在旅行中因為各種現實的摩擦吵嘴不斷，但也有許多甜蜜的談話。在旅行最末因為Jesse想搬回美國（兩人原本住在巴黎），引發爭執，然後在電影結束前，在希臘的滿天星斗之下，兩人再度言歸於好。

關於書

《愛在日落破曉時》2010

如序中所言，這是我的第一本書。因為很喜歡《愛在黎明破曉時》和《愛在日落巴黎時》這兩部電影，又與電影中的Jesse和Celine年紀相近，電影上演的時序彷彿也依序演出自己的人生，再加上彼時我正與居住維也納的希波相戀，距離遙遠的異地戀讓感情也曖昧不明……，種種情緒讓我忍不住跟隨電影的腳步走了一趟巴黎、維也納，也同時將與希波之間的微妙情感寫進遊記之中。

當然這是兩本各自獨立的書，看完這段前言，對於閱讀本書已經足夠。不過若是您想看看「前傳」，而願意購入《愛在日落破曉時》的話，我也會非常開心，也說不定您能從文中觀察出我和希波是否有所成長轉變，這也算是另種閱讀趣味。

Jesse: We've got a joke in our family that "This" brought us back together and "That" paid for our apartment.

Before Midnight

雖然要像電影中的Jesse靠賣書買公寓，在臺灣可能只有少數暢銷作家做得到，但是身為作者，在此仍要深深感謝買這本書的您。

Part I

旅行的意義及方向，只有你知道

塞薩洛尼基：每次希臘行的起點

塞薩洛尼基是希臘的第二大城，港口城市，以商業聞名，從位置到文化經濟，都是希臘甚至東南歐的重要城市。城市的亮點在濱海大道上，臨海有個漂亮的巨大廣場，每年國慶這廣場都有盛大活動。從歷史上來看本來希臘就曾被不同國家、民族占領過，但塞薩洛尼基因為地理位置重要，所受的影響更深。城市裡留下許多羅馬、拜占庭、鄂圖曼土耳其帝國及猶太遺跡，但政府窮，這些文化資產沒有辦法完全轉成觀光財，因此雖然是第二大城，觀光上卻沒什麼名氣，有限的觀光客主要來自東歐幾個小國。街道胡亂塗鴉相當多，所以，是個市容不算太整齊的地方。

這個聽上去不太有吸引力的城市，卻成為我每一次希臘行的起點。原因無他，**旅行遠方不僅是為了認識新事物，也是為了尋訪舊友。**

安潔莉姬就是這個舊友。

安潔莉姬是希波在維也納攻讀博士的學妹，希臘人，當時在瑞士工作，家就在塞薩洛尼基。為了我們要來希臘，特別將假期安排在這時，迢迢從瑞士趕回，就為了天涯海角的一次重聚。

安潔莉姬有一雙深邃的褐色眼睛，高挑的眉毛戲劇張力很強。很開心見到我們，臉上卻一直帶著希臘人悲劇天性的哀傷，敘述完彼此的時光空白，就開始喝酒吐牢騷，為無法回故鄉就業憤恨不平。我們也是想回鄉工作卻不得其果的人，對她的感受再瞭解不過，所以陪著點了一杯又一杯。（2013 年時，希臘深陷負債泥沼，輕易能感受到全體性的萎靡。但等到 2016 年再訪，經濟上未必好轉很多，但大家似乎已經習慣，也能和此共生，氣氛帶著淡淡喜悅，安潔莉姬已找到很不錯的工作回鄉做事。）

1 塞薩洛尼基是希臘的第二大城
2 我和安潔莉姬的母親
3 安潔莉姬與希波

1 塞薩洛尼基的旅店
2 希臘到處都是貓

和希臘人深聊，話題往往會被帶入嚴肅的討論，因為說到了塞薩洛尼基屬於希臘大馬其頓區，而提到了馬其頓共和國。安潔莉姬憤恨地說：「他們（馬其頓）是小人，偷了我們的名字，我們才是真正的馬其頓人，他們的文化歷史文字都跟馬其頓沒有關係，卻把自己的國家叫做馬其頓，簡直莫名其妙！」然後不可遏止地對這個抱怨了整晚。

塞薩洛尼基原屬於古馬其頓帝國，但目前國際上的馬其頓共和國主要卻是由南斯拉夫人組成，希臘當然對此提出過嚴正抗議，也因此有許多國家不管馬其頓叫馬其頓，而稱為「前南斯拉夫馬其頓共和國」。雖然我也覺得沒事幹什麼要

搶人家的名字嘛。但老實說安潔莉姬帶著酒精的嘟噥引來的濃重催眠作用比較困擾我。「到底為什麼要在度假時聽這些呢？如果是歷史學家來出差也就算了，我明明是興奮地來度假，一直聽這個也太辛苦了。」我心裡忍不住這樣想。

敘舊到半夜三點，終於回到飯店，正要睡就被警車鳴笛聲吵醒。聲音持續非常久，又非常近，兩個人被吵到實在受不了，爬起床來看。原來在旅店前的巷口發生小車禍，開車的人看起來喝醉了，撞了一群人中的一個，而出事的人看起來喝得更醉，大字躺在地上不肯起來。本來以為恐怕受傷，不過並不是，男子躺在地上一邊哀號一邊討酒喝，打著滾，就算有傷也不嚴重，一會又站起來走到另一邊馬路躺下，旁邊的朋友也不幫忙，嘻嘻哈哈的。開車撞人的駕駛站不直身子，半掛在車門上指手畫腳大聲跟警察說著什麼，看起來短時間結束不了。這期間停在旁邊的警車鳴笛一直響著，警察站著大聲講話，似乎不覺得困擾，凌晨四點了，有什麼必要非開著警笛不可呢？難道不會被市民投訴？不過話說回來開著窗戶皺眉看著的人也只有我們，除了兩造各自的友人，只有飯店櫃檯人員像看戲一樣站在旁邊指指點點。

過了好一陣子，救護車也來了，鳴笛聲變成雙倍吵鬧，因為躺在地上的人不肯上救護車，於是救護車也停下，可是聲音沒停。警車、救護車互不服氣地比賽噪音似地，聽著實在受不了。緊緊關上窗子拿了枕頭壓住腦袋，一邊想著這裡的人真要命，一邊昏昏沉沉地在鳴笛聲中睡去。

這就是希臘旅行的開始。

歷史洪流中的吉光片羽

清晨的塞薩洛尼基相當安靜，天際泛著非常好看的淡青色。如果喜歡逛博物館，塞薩洛尼基的博物館多到逛不完。我試著以華美的亞里斯多德廣場（Aristotelous Square）為起點，沿街的小店販賣各式各樣的堅果，長相特別的麵包在陳列櫃上十分吸引人。安潔莉姬特別提醒我，塞薩洛尼基是一個適合早午餐的城市，果然主要大街上，幾乎所有的咖啡、甜點、酒吧都有賣早餐，大部分還是全天供應。

挑了一間看得順眼的店，試著要了Frappe，這是安潔莉姬教我點的。Frappe是厚厚一層奶泡覆蓋住冰咖啡的飲品，發源地就在塞薩洛尼基，據傳是某年Nescafe的公司代表來這裡開會，一時找不到咖啡喝，就拿自家的咖啡粉用冰水沖來喝，居然很好喝，因此流傳。所以好的Frappe一定要使用Nescafe牌子的咖啡粉。我聽著這個說法，然後默默接受來希臘的第一杯咖啡，是再平常不過、瑞士品牌的咖啡粉，雖然平時明明不喝即溶咖啡，**但所謂例外不正應該發生在旅行中？**所以平日不逛街的我，乾脆花了一下午購物，結果買了一組水晶威士忌杯、一組水晶高腳酒杯，價格不過是臺北的五分之一，一時衝動又添了幾樣擺飾和整套一零八件的各種刀叉。店員開心地幫忙包裝。

塞城的東正教教堂

塞薩洛尼基的名字來自亞歷山大大帝之妹，她同時也是古馬其頓國的皇后，不過如前述，馬其頓並不是唯一一個曾經擁有過塞薩洛尼基的古國。馬其頓沒落後，塞薩洛尼基成為龐大羅馬帝國的一個城市，數百年後，塞薩洛尼基又為鄂圖

1 從古城牆往下看
2、3 散落在塞薩洛尼基故處的古蹟

曼帝國擁有，而歷經希臘土耳其戰爭、德國納粹的占領，才成就如今的塞薩洛尼基。

龐大深刻的歷史為城市的興建帶來重重困難，比如地下鐵挖建就因為一再碰到深藏的古蹟而延宕，而歷史建物無錢修復，大量斷垣殘壁只能放著不管，頂多意思意思拉條線圍住。因此如果在市中心隨意走，兩三步路就可以看到被高樓民房圍住的各種遺跡。巨大的、孤伶伶的、荒涼的，以各種姿態展示歲月的烙印，被放棄或被忘記般的圈放在人煙最稠密的地帶，是一道極其難得的風景。

人不能進入的禁止線並不能阻擋貓，所以從前的帝王或神祇的殿堂，目前成為野貓嬉戲居所。也算派上用場了是吧？

1 散落城市的古蹟
2 自由穿梭在古蹟中的貓

一趟旅行，百種記憶

Celine：「喔，女兒們，妳們記得的假期會跟我們記得的大異其趣。」

《愛在午夜希臘時》

電影裡，Celine說的這句話，一直到我第二次再訪塞薩洛尼基時，才算真正了解。畢竟我已經生子，親愛的兒子多多君才兩歲三個月，我想多多君印象中的塞薩洛尼基（如果他還有印象的話），一定會與我的相當不同，這結論來自於其他旅行。抵達希臘前，我們先在倫敦短暫停留數天，再在巴黎居住一個月，多多君對於倫敦只記得倫敦眼（London Eye）；而待了一個月的巴黎更濃縮成夜裡晶晶閃亮的巴黎鐵塔，在往後很長一段歲月，他都能指著印在任何地方的鐵塔圖樣，甜甜地喊一聲：「巴黎！」

塞薩洛尼基的城市地標，當屬白塔。不過多多君並不在乎這個，他的記憶裡，塞城是船的城市。

白塔位於濱海的勝利大道底端，從前是土耳其監獄，現在是拜占庭博物館，不過如果走在勝利大道上，通常不太會想去什麼博物館。

勝利大道是塞城最美麗的道路，筆直一條，在古城區畫下長長一線。一面臨著美麗的愛琴海，不同時刻的陽光下泛著不一樣的藍，深藍、靛藍、淺藍、希臘藍、帶著淡淡青綠的藍，或是濃綠至深的灰藍。另一面則是

勝利大道詭譎多端的天色

這個城市最精采的建築，最高價的飯店、各富風情的餐廳、充滿榮光的亞里斯多德廣場、堂皇的糕餅店和燈光璀璨如繁星的酒吧。這裡的觀光客最多，居民也閒適地漫步。

塞薩洛尼基這個濱海碼頭，在地型上是深深的口袋，愛琴海上秋冬的無情風浪，到這裡多半止歇，大部分是風平浪靜的景色。於是在這小小的內灣中，出現幾艘外型或許復古、或許吉普塞風格、或者電音搖滾的大船。船不是我發現的，而是二歲的多多君，指著海面不斷大喊「媽媽！船！船！」而讓我不得不注意到的。

如果您要問我，帶著孩子旅遊有什麼不同，那麼我的答案必然是——角度。

孩子所喜歡的和我們所喜歡的截然不同，奇妙的是，孩子大部分時候不能欣賞我們所喜歡的，相反的，我們大部分時候，卻都能因為孩子的喜歡而喜歡。譬如多多君從來都不愛我指給他看的勝利大道上華美的夕陽，或是顏色濃淺多變的愛琴海，總是敷衍地說「太陽」、「海」，然後繼續蹲在地上玩小汽車。但是當他指向了「船」，身為母親的我，馬上興奮地到處找這遊船的碼頭在何處，心想如果代價不太大的話，就能帶著小傢伙登船一覽。

登船的地點在白塔前。

究竟有幾艘船不太清楚，不過至少有三艘，風格迥異。嚴格說起來並不能算「遊船」性質，而比較偏向「海上咖啡廳」。這些船按照時間表停靠在岸邊，想上船的人可以直接上船，如果沒有興趣出海，在船上走一圈就下船也可以，不用付什麼費用；若是打算出海，那就盡情在船上等待，不同的船內裝都不一樣，但都相當有特色，彷彿電影中的海盜船出現眼前，您可以隨便選喜歡的地方坐，船頭、船舷還是內艙布置好的桌椅都行，等到出海，自會有人來招呼。所謂的渡船費，不過是任意一杯飲料的代價，酒水咖啡都不會特別貴，一邊喝咖啡一邊享受海風時，船上會

1 白塔前的登船口
2 不同的船內裝都不一樣
3 在海上咖啡廳喝咖啡

開始大聲的播放音樂，每艘船的音樂主題都不同。我和多多君揚帆出海，在略帶點哀傷的希臘歌曲中，悠悠地度過了一小時。

當船回到原點，下船時，出差來塞城開會的希波已經結束工作，等著我們了。多多還想坐船，兩個大人對於親子旅行中難得可以好好享受咖啡時光的機會也很嚮往。於是乾脆又搭上另一艘伴著法式香頌的船，於海風中同孩子指點起岸上的白塔。陰天中的愛琴海也風光明媚起來。

「多多，今天好玩嗎？」

「好玩！」

「什麼好玩？」

「Juice！」

晚上回飯店時問小傢伙，結果小傢伙興高采烈地回答是在船上喝的果汁。

記憶是因人而異的產物，旅行風景只能是個人主觀的圖像保存。不過沒關係，笑容總是真誠的，即使只是記得果汁也無妨。

帆船倒影在白塔前

勝利大道上，因禍得福

如果想最快速看過塞城風光的方法，就是在白塔前搭乘觀光巴士。

觀光巴士有不同路線，最好挑能抵達山上西歐多思城牆的路線，車子往上走時，沿路經過幾乎數百年沒有變動，如今還有人居住的矮小瓦房，還可以襯著山景俯瞰塞城全貌。不過若是要說塞城最美風光，還是在臨海的勝利大道上。

我們入住的，就是勝利大道上的飯店。

1 多多君搭乘觀光巴士
2 白塔前可以搭乘觀光巴士

飯店很新穎，面海的一面和面窄巷的一面形成彷彿船首的銳角，十分特別。頂樓的豪華套房擁有銳角兩側連成一氣的陽臺，從屋裡看出去，就是蔚藍的愛琴海。

本來依照差旅預算，我們在這間勝利大道上訂下的旅館，只夠住在最標準無海景的房間。不過入住時安潔莉姬跟櫃臺嘀嘀咕咕半天，我們拿到的房間就變成能看到部分海景的套房。

「妳跟櫃臺說了什麼啊？」

「我說你們是專業攝影師，叫她給你們好一點的房間，這樣拍出來的照片才好看哪。」咦，這樣也行。

結果當晚出了一場小災難，床頭極薄的燈泡突然爆破，萬幸的是在旁邊的多多毫髮無傷，希波卻刮破了一點表皮。皮膚紅紅的，看不出傷口，卻相當疼，一直到一天後紅腫退去，才見到皮膚去掉了半個小指甲大小，真皮裸露出來。

我們忍不住跟飯店抱怨，一方面也要讓他們來換燈泡。結果第二天房間就被升等了，這次一躍而到頂樓非常豪華的房型，不但有客廳雙浴廁，還配有兩間臥室。

海邊的船型的飯店

我們坐在彷彿船舷的陽臺喝飯店送的希臘紅酒，夜已深，下方的勝利大道上車水馬龍流光運轉。我們一邊讚嘆希臘紅酒的滋味濃厚，一邊舉杯感謝希波壯烈犧牲的小小表皮。

「妳還記得 Jesse 和 Celine 到底有沒有開那瓶酒來喝嗎？那瓶他們大吵前，飯店放在房間送他們的酒？」

伴著夕陽坐在海邊聊天

「不記得了。好像……沒有吧？」

「如果他們也被升等到這樣的房間，又打開酒來喝，就吵不起來了。人生苦短，吵什麼呢？」

可不是嗎？

白天滿是居民遊客散步的勝利大道，在過了酒客喧鬧的深夜就變得相當安靜。這時，會有另一幫白天不太會見到的人出現，他們大多間隔很遠地坐著，隨身攜帶一個水桶，偶爾也有帶著小型保麗龍的盒子，面朝大海。

他們是釣魚的人，也或許是釣墨魚的人。

村上春樹説過，地中海的章魚非常美味，墨魚其實也是。這些午夜時分出來釣魚的人，大部分釣起來的都是體態肥胖，約成人手掌大的墨魚。偶然也會釣起一些雜魚。釣客並不是希臘左巴般的漁夫，都是一些城裡人，很多是異鄉客，彼此多半不太打招呼，有點陰沉。

不過小孩子是感覺不到陰不陰沉這種事，所以深夜還有時差的多多君經過這裡時，不管主人是誰，一桶一桶的墨魚雜魚他全都扒著看了一遍，對著桶子裡一口吐出大片墨汁的傢伙嘖嘖稱奇，一面問怎麼就看不到魚了？

釣墨魚的男人，臉還是沉著，但眼裡透出了笑意，大手一舉，「嘩」一地把桶裡的水倒出一地，順著水流滑出的墨魚在水泥地上撲騰，接著又擠出肚裡所剩不多的墨汁，這景象笑壞了多多君。

現在想想，被釣起來就算了，還被迫要吐墨汁給小孩看，還真是一隻倒楣透了的墨魚。

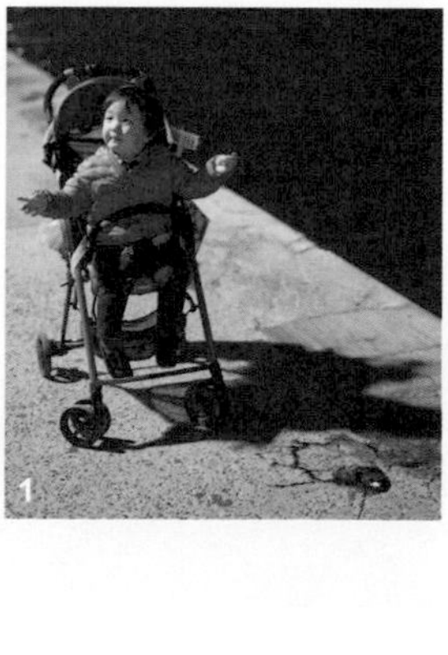
1

2

1 多多君與地上的墨魚
2 釣客釣上來的墨魚
3 從飯店拍下白天的勝利大道
4 從飯店拍下夜晚的勝利大道

脫離柴米油鹽的輕鬆

塞城的飲食有地中海的精髓，說起來也許比雅典還要稍勝一籌。

面海的勝利大道上，雖然主要是觀光客叢聚的餐廳，味道卻相當不壞。因為食材新鮮，烤章魚、烤魚、烤蝦等等海鮮都很美味。即使是應付觀光客的義大利麵、麵包、漢堡，也都很有滋味。小酒吧、咖啡吧、咖啡茴香酒吧（常在歐洲別處見到的Coffee Wine Bar，到希臘就會變成Coffee Ouzo Bar）充滿情調，也有幾間專賣堅果、甜品的小店。

靠近白塔這端的勝利大道，通常食客較少，比較清靜。在這裡的幾間餐廳也特別精緻。傍晚前後，專門挑店外的露天座，在此處看的夕陽非常漂亮，再點一盤染成酒紅色的章魚燉飯，配上適合的清涼白酒，當成晚飯剛好。多多君喜歡這裡的麵包，也喜歡嚐兩口章魚飯，更喜歡海面上來回划動的各種船隻。有時候光是看著船，小傢伙就會慢慢在我們懷裡睡著，直到夕陽灑落在他的眼皮上。

也有碰過陰沉天氣，那就會走到勝利大道中段，比較有人氣的地方，挑有遮雨棚的露天座，喝咖啡，吃很甜的蛋糕，拍風雲聚集愛琴海上的景像。雖然肉眼看這個時候的海，依舊平穩如鏡，但通常此時「海上咖啡廳」會暫不出航。沒有船，孩子的目光就會從海上移到路上，看過往的轎車、腳踏車，聚精會神津津有味，完全當成大事來做。

勝利大道上餐廳的桌邊服務

天氣好，多多君又很有精神的下午，我們就會在亞里斯多德廣場買名為 gyro 的希臘三明治，邊散步邊吃。gyro 是用 pita 麵包裹著大份烤肉、生菜、醬汁和優格的街頭小吃，通常都很美味，亞里斯多德廣場上的老店，更是時常大排長龍。我喜歡一手撕著肉片餵多多，看他吃得很有滋味。不過比起 gyro，更常買的是 souvlaki。

Souvlaki 在希臘文中是串燒之意，在餐廳點這個送上來的通常是串燒搭配沙拉的料理，不過如果是街頭小食，souvlaki 跟 gyro 就相當接近，基本上把 gyro 裡的肉片換成串燒，就是街頭版的 souvlaki。跟 gyro 相較，多多君更喜歡 souvlaki，因為他可以直接拎出裡面的串燒自己吃，讓我只能無奈地吃剩下的 pita 包生菜。

慢慢從勝利大道這頭走到那頭，偶爾在岔路上探險，這樣一個下午也就很愉快的過去。如此帶著多多君，即使沒有去景點也沒有做特別活動，只不過散步、喝茶、吃點心，這些任何地方都可以做的平常事，卻因為脫離了柴米油鹽，連幫孩子換尿片，都感到分外放鬆。

記憶中的勝利大道因而閃閃發亮。

Part II

奔走在午夜希臘的路上，戲如人生？人生如戲？

聖多里尼島：我的午夜希臘正上演

橙色月亮和銀白月亮

Stefanos：你在書裡那樣寫，Celine 不介意嗎？

Jesse：為什麼要介意？她習慣了吧？

Stefanos：但是第二本書裡她也太性感了吧？男主角錯失班機後，他們回到公寓把窗簾拉上沒命地成天做愛。我是說，哇！你們真的那樣做了嗎？

《愛在午夜希臘時》

希臘旅行的念頭剛出來時，已經隱約有成書打算。畢竟從前所寫下，由華成出版的《愛在日落破曉時：我的巴黎．維也納》一書，成為已經步入婚姻的希波和我，愛情和人生的美好紀念。《愛在日落破曉時：我的巴黎．維也納》裡，將希波和我的關係描述得模糊曖昧，往朋友和情人兩端思考彷彿都可以。一方面是呼應電影朦朧的情節，一方面這個年代即使已然天涯咫尺，分隔在臺北與維也納的兩情相悅究竟又能持續多久呢？為了不讓發生萬一的自己（或希波）每看一次書就大哭一次，乾脆寫得隱晦，也可以說是為彼此留下一點後路（笑）。

後來步入婚姻，理論上孩子應該也不遠吧？但當開始預備時，醫生卻給了完全不樂觀的答覆，建議我們要有做人工受孕的準備。

是這樣嗎？我們幾乎放棄希望地在日與夜交替的魔幻時刻，來到聖多里尼。幾間旅館聯合派了一台車來機場接走包含我們在內一共十一人的住客，在從機場到費拉（Fira）的路上，看到了那個。

「你們看，那個就是聖多里尼島最有名的落日，是不是超美？」

除了我們兩人，車上剩下的九人可以分成兩團，來自菲律賓的家庭和韓國情侶四人組，這時都忍不住騷動，擠在車窗觀察，嘖嘖嘖的讚嘆聲此起彼落。

「那不是月亮嗎？」

我當然也認真地看了掛在海平線上方，圓橙色的星體。很圓、淡淡泛白的淺橙色，在一望無盡的銀藍色天空中明亮不已。雖然顏色熱烈，但怎麼看，它都是月亮。

韓國四人組和菲律賓家庭組都在費拉外圍就下車了，下車時還吱吱喳喳地討論方才美麗的「落日」。我們繼續往前奔馳，一路看著妖異的血橙色月亮慢慢走遠，慢慢爬到更高的天際。

遠方的天空掛著橙色月亮

費拉鎮上的飯店人員站在門口等我們，穿戴整齊，因為進入淡季，人員放假，只好由身為經理的男人拎起我們一大一小兩件行李，在懸崖上的飯店爬來爬去。我們的行李裝滿筆電和攝影器材，非常重。不過經理笑笑地說這小意思，才兩件而已嘛。

「房間不大，但是早晨的景色很好唷，紅酒是我們贈送的，希望你們在這裡住得愉快。」一放下行李，説完話的男人就彬彬有禮地走了。而他所言不虛，房間真的很小，洗手間外，只夠放下一張 Queen Size 的床，不過補償的是相當大的露臺。早餐就會擺在露臺上的餐桌。推開房門，眼前就是愛琴海。

藍色的聖多里尼

費拉飯店的清晨

「有酒，這樣就像《愛在午夜希臘時》的片段了，飯店也送他們一瓶酒對吧？嗯，我想想，他們後來做了什麼？嗯，本來是充滿熱情兩個人都滾在床上，Celine 連乳房都露出來那段對吧？結果莫名奇妙又大吵，Celine 衝出房門給 Jesse 追。」

「妳知道嗎？接下來的旅行中，妳必定忙著攝影，所以現在是我們最能享受浪漫的時候了。」希波說。於是在新加坡轉杜哈轉雅典再轉聖多里尼的長途旅行之後、在黑夜陌生而有個性的小房間裡、在愛琴海畔橙色的月亮下，我們實現了電影的未竟之事。

清晨陽光還不明亮的時候，我們就醒了。果然如經理所說，在床上就能透過門上的玻璃看見海，清晨的天氣很涼，走到露臺上，天色已白，但月亮還高掛天上，顏色已經從橙變成銀白。巨大的郵輪停泊在露臺下的海面上，在不知道該算日光或月光下安靜不動，將近早上七點，小島寧靜地籠罩在薄薄的晨霧中。

Celine：是呀，第一次做愛沒用保險套，砰！就生了雙胞胎！

Jesse：沒錯，一投就是全壘打！砰！

《愛在午夜希臘時》

在橙色的月亮和銀色的月亮之間，已經有個小小人悄悄進入我們的生活。**果然人生如戲，戲如人生。**

1 與肚子裡的多多君第一張合照
2 在費拉的飯店醒來

將祝福帶著走，在黑暗中變成一盞光

「可以帶『那個』出去，我覺得。」希波說，眼睛充滿期盼。

「那個」是我遲到很久的生日禮物。

其實我過生日唯一需要的只是蛋糕，然而雖總是說不用，每一年還是會收到希波送的生日禮物。只是送的禮物常常讓人說不出話來，比如正常女孩子不太會期盼收到具備校色功能的高階電腦螢幕（大約一個雙C牌小肩包的價格，相當不菲）？可能也不太想收到小米手環，而稍微女性化的禮物就是剛認識的第一個生日時送的水晶鍊子，不是那種精緻漂亮用細金鍊子串的，而是毫無裝飾的黑繩子吊著一顆形狀奇怪的透明大水晶，活像某種儀式的法器。問他怎麼挑這個，他說「很好看不是嗎？」非常理直氣壯。不過從前也收過別人送的像鋼鐵人的銀色大企鵝燭臺、螢光藍醜到快看不出來是兔子的造型香味蠟燭、可以吹奏的超迷你口琴和據說發出的光線可以直射到一公里外的求救用手電筒。所以歸結到底，問題大概還是在我。

早在一月時，希波就宣告訂了我一定喜歡、很棒、很奇特的東西做我五月的生日禮物，等真的到我生日，我還沒想起來，希波自己不好意思的說，他訂的禮物因為對方延遲出貨還沒有拿到，就這樣，神祕的禮物一直遲到至我完全忘掉，要飛來希臘的前兩天抵達。

這樣物品是希波在Kickstarter這個募資網站訂購的，以書本為造型做成一盞充電燈，書頁與書頁間製作成手風琴風箱皺褶的樣子，打開書本，書頁的部分就會發光，攤平放在桌上就是桌燈。封面和書底設有磁鐵，兩者連在一起提起中間的皮繩，就變成可提式的圓形燈籠，非常亮。我很喜歡這個禮物，但沒有喜歡到要帶著這個出門旅行。

「帶著嘛，小島上可能很暗沒路燈，或者大

停電之類，帶著可以預防萬一啊。」希波非常努力的說服我。

「那你提行李。」

「好！」

於是燈籠就這樣跟我們來到愛琴海。

一開始燈籠確實為我們在費拉吸引了很多目光。身為聖多里尼島的首府費拉，夜間自然不會太過黯淡，不過靠海的巷弄的確稱不上明亮，即使如此，沒有燈籠也不至於黑到撞牆。兩個人提著一盞巨型燈籠實在很吸睛，於是一路上收集到來自德國、義大利、挪威、英國和澳洲的問候招呼，希臘人不為這個打招呼，不過眼睛會瞪得很大，一路轉頭看過來，有個老先生一臉不可置信地轉頭看著，差點撞到轉角。

不過晚餐時間，燈籠就發揮實際作用了。

不知道是因為「客人不多，所以燈也不用點得太亮」還是因為「聖多里尼是情人最愛的地方，要有情調」或是島上的人本來就習慣夜裡要

伊亞的風車

漆黑，總之稍微像樣的餐廳一律很暗，燈光暗不妨礙吃飯，但是點餐就會碰到很大的問題，特別是希臘字母跟英文字母混成一片的時候，所以我們把已經收起來的燈籠攤平放在桌上，然後點了慕沙卡和釀番茄。

「你們在島上買的嗎？我從來沒看過。」來點餐的侍者一臉好奇，忍不住伸手摸摸我的燈。

「網路買的，美國的網站。」

「多少錢啊？我也想買一盞。」

「大約 100 美金上下吧？」希波說。

「這麼貴！你是開玩笑吧？」侍者一臉不可思議地搖頭又搖手，像看神經病似地看著我們。雖然不算便宜，但有這麼貴嗎？（後來到雅典聽說當地大學生畢業的起薪約 450 歐元時嚇一跳，這樣說來，確實是很貴的燈）

不管怎麼說，燈籠在費拉比較偏交際功能，但是等到了伊亞，燈籠就開始發生救命的作用。

1 希波提著燈籠
2 我的生日禮物很吸睛

祝福的光

雖然也是聖島上有名的小鎮，伊亞相對於費拉要寧靜很多，白天是，夜晚更是。我們換飯店去伊亞入住時已經傍晚，昏暗中車子停在離飯店已經最近，但是要穿過一大片曠野的停車場。等到一切安定能走出飯店開車去找地方吃飯時，已經一片漆黑，視線只勉強可以看到地上的大小碎石塊，一點綠草，這樣不要說車找不到，說不定還會跌倒，沒辦法，只好回頭拿燈籠。

就這樣，我們拿著擺在家裡可能只能生灰的燈籠書，靠著它發出的光亮，在希臘海島的一片黑暗中找到車，安安全全開去舊港吃了一頓鮮美的晚餐。

「妳看吧，沒帶妳的禮物來，我們恐怕出不了門了，妳是不是要謝謝我？」希波說。

還是要謝謝你。謝謝你每年別出心裁的禮物，**謝謝你將這份祝福化作一盞溫暖明燈，讓我知道你時時刻刻想著我。**

1 夜晚的費拉
2 白天的費拉

讀萬卷，行萬里，百聞不如一試

「妳看，亞特蘭提斯毀滅是因為火山，妳知道去火山島的行程吧？就是那個火山！那個火山發生恐怖大爆發的時間點就是摩西分紅海的年代，引發超級大海嘯。亞特蘭提斯文明毀掉的時間就是那個時候！時間很吻合，所以聖多里尼很可能就是亞特蘭提斯的遺跡唷！」安東尼奧神祕兮兮地說。

我們在伊亞一間露天酒吧認識安東尼奧。他在這間酒吧工作，似乎有股份，工作很賣力。十月底已經沒什麼客人，安東尼奧大部分時間很閒，當時正討論要不要上火山島參觀，在聖多里尼搭船去火山島是很熱門的行程，可是說起來火山上並沒有東西，行程的真正亮點是可以跳進海中，享受23度的溫泉。

不過，亞特蘭提斯？我只知道這個消失在萬年前的高度文明，據說毀於海嘯，被認為是亞特蘭提斯之地的地方則多到難以言喻。和希臘相關是因為英國考古學家在二戰前發現了位於克里特島上的大規模遺跡，而距離克里特島約200公里的聖多里尼又有了在內海的火山口曾經是一個小島的證據而來。這個在聖島旁的火山島上次爆發在西元前15世紀。

希波遠眺愛琴海

費拉一角

「柏拉圖在描述亞特蘭提斯的時候特別說過它是環狀島（ring），只有一個缺口可以讓船出入，而且環狀內海中有小島，宮殿在島上。妳再看聖多里尼和火山島的地圖，還有這一個小島，在聖多里尼本島旁的，叫做錫拉島。聖多里尼舊名錫拉，說明這兩者本來相連，應該是因為火山爆發改變地形才分開，妳把它們相連起來，就是環狀島了！火山島就是中間宮殿存在的小島！所以我們正在亞特蘭提斯，亞特蘭提斯就在這裡！」安東尼奧滿臉狂熱地說。

安東尼奧推薦道，「另外，當時火山爆發跟龐貝不一樣，因為先冒煙，大家看到就逃走了，所以沒死什麼人，但是建築被火山灰蓋住，保存得很完整，妳們去紅沙灘玩時可以去看看阿克羅蒂里（Akrotiri），那是後來被挖出來的房子，有兩、三層樓高，四千多年前可以蓋樓，很厲害呢，一定是亞特蘭提斯！」

我們聽從狂熱的亞特蘭提斯迷安東尼奧的建

議，打算去紅沙灘時繞過去一遊。因為狂熱的建築迷希波說「四千年前還是重力建築法，高度很受限，能蓋到三層太厲害了，應該要去看看。」雖然不去火山島，至少要用特別的方式遠眺。我決定去紅沙灘之前，先去騎驢子。

因為從費拉到港口的地形崎嶇，坡度又大，所以有了纜車和騎驢上下兩種交通方式，要步行也可以，不過必須跟驢子共用道路。騎驢子上下山，雖不看唱本，但看的是能眺望在愛琴海中的火山島，是聖島最有名的「走著瞧」。

先搭了纜車下山，在舊港散步，港口的咖啡館前有三三兩兩的驢子走動，攬客的招牌就在咖啡館前。我們在接近日落的時間騎驢上山，驢子非常不聽話，老是左右擺動，偶爾會到山壁那側蹭蹭，這時我的小腿就會跟著遭殃；又或偏到懸崖那側探出半個身子發呆，那時心臟就會狂跳不止，心下默禱拜託千萬不要此時驢性大發。就算認真走路，在驢背上總感覺歪斜，膽戰心驚，再加上被驢毛引發過敏，一路眼淚鼻涕不停，雖然事先已經聽說會有這樣的狀況。然而**許多事情沒有親身經歷，即使聽過再多人描述，那也是明月光。非要自己也經歷一番，才能知道明月光是否會成飯黏子。**

火山島

又試著用雙腿爬上580個階梯，以不同的角度觀察愛琴海中的火山，以視角來說，遠不如騎驢，而且不是我說，大約爬上三分鐘就有窒息的感覺。實際和驢子們分享一條窄小道路時，才知

騎驢會比走路來得好

異味陣陣，石階上處處黃漬，稍不小心就會踩中地雷，這當然不能怪驢子，畢竟驢子的世界就是需要便就地解放，才不管旁邊有沒有人或驢皺著鼻子。而希臘大叔們則是「這就是驢子啊，想大便就大便了不是再正常不過嗎？」更不會想法子解決，於是成就了一條各種汙漬凝結的道路。

如果您很介意的話，還是不要親身嘗試步行比較好。

1

2

3

1 驢子紀念品
2 驢的路牌
3 驢子標籤的啤酒

詩和遠方，和那苟且的日常

歌詞裡「這個世界不只有眼前的苟且，還有詩與遠方」這話聽起來多麼浪漫，但遠方永遠不會只有詩。我們懷抱在海風中自由駕車徜徉於海島的夢想，早早租了車，然而碰上的是手排車，困難重重。在歐洲租自排車要貴得多，且不容易租到，除非特別指定，否則一般都是手排。剛開始我們的腦子還沒有將自排模式調整成手排模式，結果出了幾次笑話，有次停車在後方懸空的危險斜坡上，上坡起步頻頻熄火，幾個已經旁觀很久的左巴狀老先生之一，終於忍不住過來敲敲車窗，拍拍自己胸脯，示意希波下車，再來輕易地幫我們把車子開出危險地帶，他下車聳聳肩，表示「這不是很簡單的事情嗎？」

總之，預先租的車很不順手，結果在島上到處看到便宜日租Smart（這個自然是自排車）的廣告，真是令人生氣。

取車的時候，租車行的先生盯著我揹在身上的相機。

「好牌子，」他指指相機「打算大顯身手嗎？」他又比了貼在租車行牆上的海報，海報上是一座漂亮的藍色圓頂教堂，教堂前是一座鐘塔，背景是一片藍色的愛琴海。就是那張只要提到聖多里尼，便會浮現的聖島經典照。

「知道這個嗎？我可以告訴妳怎麼去唷。」

老實說我比較想拍的是伊亞的雙子教堂，不過如果是拍這張海報的景色，也沒有什麼不行。租車行先生很熱心指點了地點，算是在費拉的邊緣，已經進入Firostefani區。我們循線找去，可是什麼也沒找到。

當人已經在遠方，有時候有沒有詩便顯得沒有那麼重要。享受完迎面撲來的海風與絕景，還不捨地挑了間能繼續看景的小餐廳吃很遲的早餐，一夥人風風火火地走進來。是來自中國的年輕朋友，帶了攝影師和燈光助理，和一位像新祕的女生，扛著攝影器材、幾件禮服和琳瑯滿目的飾品，聲勢浩大。新娘穿著小洋裝，青春可愛；新郎則非常驚人，螢光綠的西裝外套，粉紅的窄腳七分褲，露出彩色的襪子，紅白橫條的T恤外配上鮮黃色的草帽和球鞋，像是要把聖多里尼藍白之外所缺乏的顏色一次補齊。雖然很不關我的事，但穿這樣拍出來的婚紗照好看嗎？

五顏六色男坐下來後要了啤酒，忍不住地大聲抱怨：「這裡也沒多麼好玩嘛，待兩天就逛完，還以為是多浪漫的地方呢！接下來去巴黎拍應該就不會這樣無聊了吧？」可愛的新娘馬上開始細點在巴黎可以做的事，除了左岸喝咖啡和登艾菲爾鐵塔，在她的歸納下其他大致可以總結

從費拉俯瞰夢幻愛琴海

成名牌觀光之旅。我坐在旁邊暗自把巴黎和聖多里尼拿來比較半天，始終做不出哪個比較好的決斷。**我想，如果把苟且的日常帶到遠方，那麼詩也就不復存在了吧。**

飯後沿著費拉黃色鐘樓的小徑一路往上散步，小徑上遊人異常多，一組中國遊客就在路旁討論起方才拍的照片，說的正是藍色圓頂教堂。在她們熱心指點下，意料之外在距離黃色鐘樓走路大約八分鐘遠的地方，找到了正確拍攝藍色圓頂教堂角度的所在。

藍色圓頂教堂

圓頂教堂日落時分

我必須很老實地告訴各位，現場完全只是一處荒僻的停車場而已，普普通通，連順眼也稱不上。教堂不能進入參觀，建築物本身也未必很特別，跟其他眾多的藍頂教堂沒什麼不一樣（在聖多里尼島找藍屋頂的教堂難道會是一件困難的事嗎？），但透過攝影減法藝術，去蕪存菁後造就出令人著迷的遠方。無數人受到蠱惑前來，又以眼前失望的現實為基，再重造出一張張同樣魅惑人心的影像。

人們總是因為各種媒介激發的想望而走入遠方，然而想起在IG上爆紅、臺北橋下如瀑布的機車流照，又有誰敢說，我們的日常，不會成為他人的遠方？

在費拉留下影子

希波彷彿走入愛琴海

最美的落日

午後時光走在伊亞的街道上，遊人稀少、氣氛寧靜、陽光慵懶，人不覺也慵懶起來。人以外，狗也懶散在各種陰影下斜躺，四隻腿伸得老直，眼睛完全閉上，彷彿瀕死或已經死去。

這就是村上春樹在書裡描述過的「隨處可見的死狗現象」吧？不過時光經過三十年，狗或許也跟著進化。聖島之後，我們又去過了希臘的中部、北部、伯羅奔尼薩和幾個海島，再也沒有見過一動不動的「死狗」，更沒有見過圍著「死狗」討論的很閒的希臘人。感覺上，好像只有聖島，時光還凝固在三十年前。

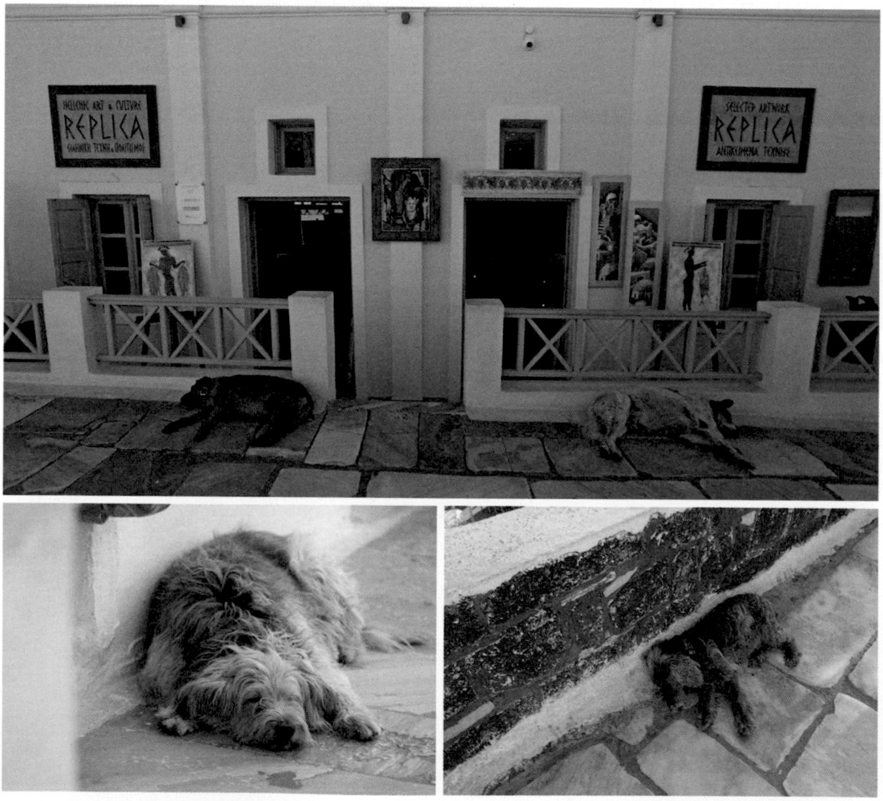

伊亞隨處可見「死狗現象」

聖島的夢幻住宿洞穴屋

如同「死狗現象」一樣不變的，在聖島還有一樣，號稱「世界最美」的伊亞落日。

一般旅遊書說，觀察伊亞落日的最佳地點，是在鎮上的古城牆上。不過，我們住的洞穴屋主人告訴我們，其實我們住宿的飯店才是真正的最佳觀落日點，只不過僅開放給住宿客。

這間小飯店叫做 Marizan Caves and Villas，就座落在伊亞的風車下，可以說是在伊亞的邊緣。從屋頂能夠看到錫拉島，在這裡看，的確很容易將錫拉島和聖島連結成環，這樣好像為亞特蘭提斯的可能增添幾分真實性。房間很大，是傳統的洞穴屋，門前小露臺有張長沙發和一組帶洋傘的桌椅，在這裡就可以看日落。飯店是家族經營，經營的兄妹倆人告訴我們「這是我們今年最後一星期營業，接下來就要回雅典的家，好好休假了。」一臉渴盼假期的樣子。

我很喜歡這間洞穴屋，特別是這裡的無線網路訊號很穩定，房價算物有所值。我想直播希臘美景給不太願意出國旅遊的爸媽，其中當然不能錯過這「最美的落日」。於是在日落時間興奮地撥了視訊，完全忘了這個時間的臺北正是午夜時分，老爹已經平躺在床上了，才接到視訊，我努力調整 iPad 角度，要讓千里之外的老爸清楚看見美景，不過解析度不夠，被吵醒的老爸嘟嘟囔囔地戴起老花眼鏡，抱怨看不出來有什麼特別。

那是我第一次以視訊的方式跟爸媽分享旅行實況，自此之後又陸陸續續讓喜歡建築和室內設計的老爸仔細觀察希臘的房間、巴里島的海景和檳城的傳統房舍（每每拿著 iPad 像神經病一樣對著飯店大廳、房間各種有趣角落鉅細靡遺地介紹）。跟家人視訊，從生活的日常延伸為旅行的日常。然而多次視訊中，印象最深刻的，始終是伊亞的落日。或許是因為初次、也或許是因為當時老爸穿著實在帥氣，那件印著花樣的薄絲睡袍，那副細金邊老花眼鏡，和那斜躺在床上的影像，烙印在腦海裡，始終不能忘卻。

最美的落日

我一直覺得還有時間，總有機會説服爸媽跟我一起出國，所以並不著急。但是意外有時候不僅出人意料，也殘酷非常。

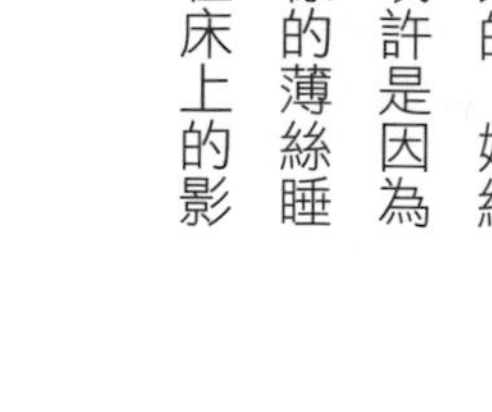

透過牆面拍出奇妙的景象

《愛在午夜希臘時》裡，Jesse 的朋友 Natalia 是這樣懷想她失去的親人的：

> 有時，我覺得我真的看見他，就像是白雲移開，他就浮現其後，我幾乎可以觸到他。但每每這時現實就會闖入，他再一次消失。他的現與不現就像日升日落，任何的存在皆短暫如雲煙，如同我們的生命。我們出現，我們消失，我們曾對某些人如此重要，即使如此，我們也只是淡淡地走過他們的人生。

我終於還是讓老爸走過了我的人生。

伊亞的落日相當美。不止伊亞，費拉的落日、藍色圓頂教堂的落日、愛琴海上的任何一個落日都美得驚人！很多時候，即使是新加坡西海面，或往臺北的高速公路上看見的落日，都能動人心弦地觸到我心底的某個角落。這或許是落日的魔力，一種人們對即將消逝的美麗產生的眷戀，但我生命中最深刻的落日唯有伊亞，不因為美，只那是老爸和我一起看過的落日。

抓住最美的落日

鮮魚的價格

只要來聖多里尼一次，人生就會變得不一樣。

我旅行過這麼多地方，雖然還不到專精的程度，但是可以大膽地這樣說，雖然這個「不一樣」不一定像多年前曾是聯電工程師的Justin 一般寫下《我的心遺留在愛琴海》，然後人生就此翻轉。更可能的改變是對美的定義、對人工與天然交織下的和諧有新見解，也可能是對旅行遠方重拾熱情，或僅僅只是對一個地中海小島的念念不忘。

對一個不是故鄉，人生或許只有數日之緣的異地能夠念念不忘，威力又何只僅僅而已？

抵達聖多里尼後，我無可避免地在臉書上以美景轟炸朋友。不久後便收到一封電郵，電郵來自工作上因緣際會認識的前輩，CNEX 的創辦人。工作以外我們不算有私交，不過工作中有一次提到旅行（這畢竟也算跟我的「工作」切身相

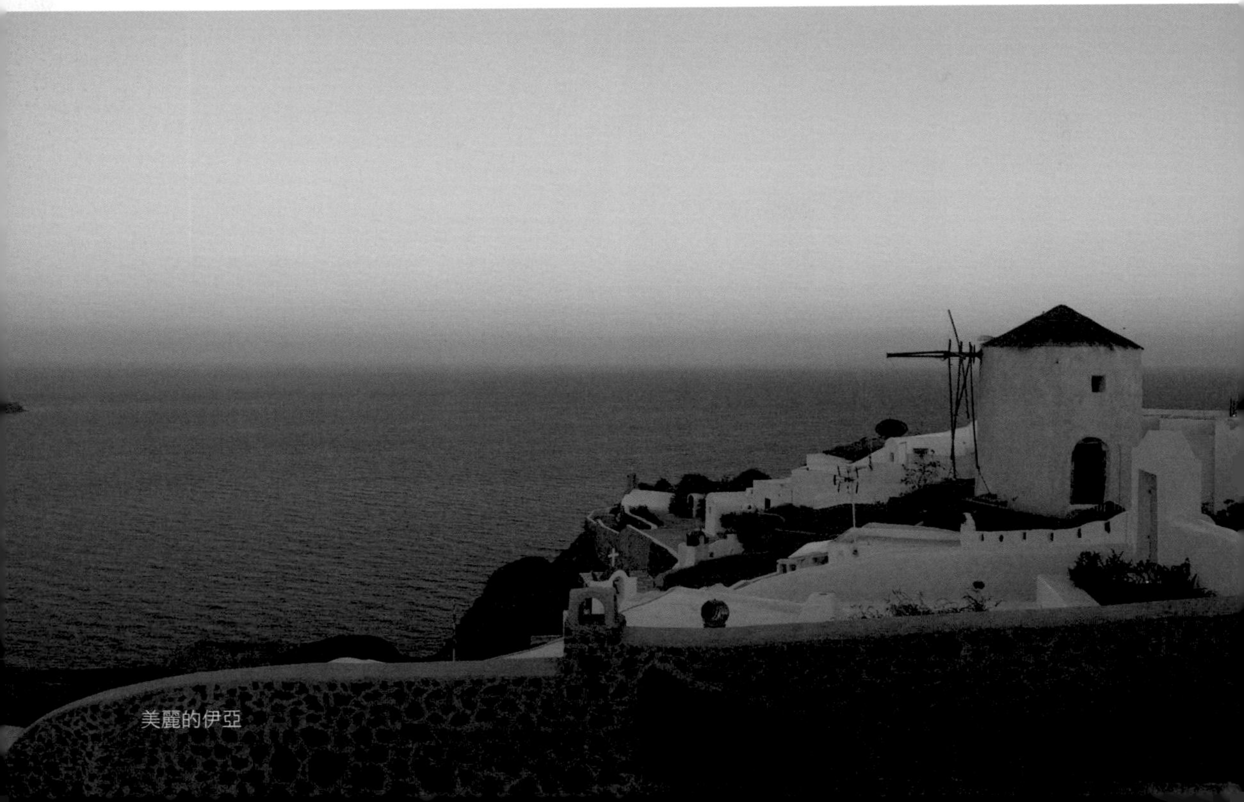

美麗的伊亞

關），身為工作狂的對方提到因為出差去過相當多地方，但並不能理解「為旅行而旅行」，或「為休閒而旅行」這種事。

「光是為了玩而去，那旅行好像不能算件事兒？」談話中大概是這麼表示。我對這個印象深刻，因為旅行書寫的關係，一般來往的朋友從沒有聽過不喜歡旅行的。果然工作狂患者的人生和旅行病患者的人生是兩組截然不同的人馬啊！聽到當時不由這樣想，也許像吃草的羊和吃肉的老虎一樣，交換口糧的話，兩者都會痛不欲生吧？

不過，老虎來信了。

信主要是告訴我他從前來聖島時，旅館主人推薦的餐廳名單，信中說他試過大部分，都很優異，而冒險吃了幾間不在名單上的則有點失望，另外附上了保存良好的推薦清單圖檔。雖然是很平常的信，但是信的開頭是「Jas，看到你們去Santorini，真好……」。我猜想，聖多里尼的蔚藍海洋和白色屋宇，大概也為熱帶雨林狩獵的老虎的人生開了一扇悠閒的窗，偶然在潮濕悶熱間，也會從那窗裡吹來一股海藍色的風。

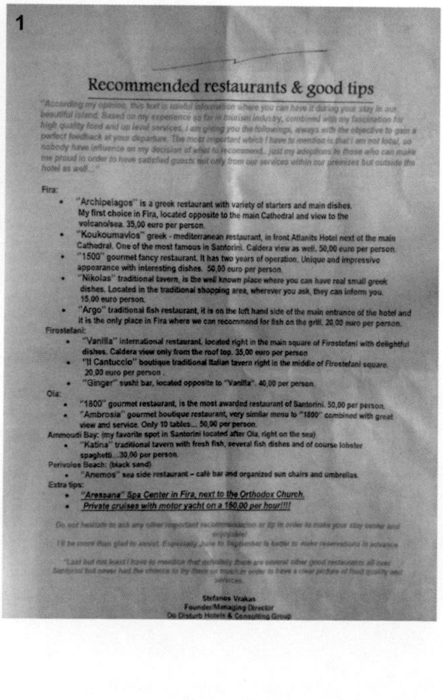

Recommended restaurants & good tips

"According my opinion, this text is useful information where you can have it during your stay in our beautiful island. Based on my experience so far in tourism industry, combined with my fascination for high quality food and up level services, i am giving you the followings, always with the objective to gain a perfect feedback at your departure. The most important which I have to mention is that I am not local, so nobody have influence on my decision of what to recommend.. just my adoptions to those who can make me proud in order to have satisfied guests not only from our services within our premises but outside the hotel as well..."

Fira:
- "Archipelagos" is a greek restaurant with variety of starters and main dishes. My first choice in Fira, located opposite to the main Cathedral and view to the volcano/sea. 35,00 euro per person.
- "Koukoumavlos" greek - mediterranean restaurant, in front Atlanits Hotel next of the main Cathedral. One of the most famous in Santorini. Caldera view as well. 50,00 euro per person.
- "1500" gourmet fancy restaurant. It has two years of operation. Unique and impressive appearance with interesting dishes. 50,00 euro per person.
- "Nikolas" traditional tavern, is the well known place where you can have real small greek dishes. Located in the traditional shopping area, wherever you ask, they can inform you. 15,00 euro person.
- "Argo" traditional fish restaurant, it is on the left hand side of the main entrance of the hotel and it is the only place in Fira where we can recommend for fish on the grill. 20,00 euro per person.

Firostefani:
- "Vanilla" international restaurant, located right in the main square of Firostefani with delightful dishes. Caldera view only from the roof top. 35,00 euro per person
- "Il Cantuccio" boutique traditional Italian tavern right in the middle of Firostefani square. 20,00 euro per person .
- "Ginger" sushi bar, located opposite to "Vanilla". 40,00 per person.

Oia:
- "1800" gourmet restaurant, is the most awarded restaurant of Santorini. 50,00 per person.
- "Ambrosia" gourmet boutique restaurant, very similar menu to "1800" combined with great view and service. Only 10 tables... 50,00 per person.

Ammoudi Bay: (my favorite spot in Santorini located after Oia, right on the sea)
- "Katina" traditional tavern with fresh fish, several fish dishes and of course lobster spaghetti...30,00 per person.

Perivolos Beach: (black sand)
- "Anemos" sea side restaurant – café bar and organized sun chairs and umbrellas.

Extra tips:
- "Aressana" Spa Center in Fira, next to the Orthodox Church.
- Private cruises with motor yacht on a 160,00 per hour!!!!

Stefanos Vrakas
Founder/Managing Director
Do Disturb Hotels & Consulting Group

1 老虎寄來的餐廳名單

2 老虎不能理解為旅行而旅行吧！

夢想之島聖多里尼

跟隨老虎的清單去吃魚不知道算不算是一件正確的事，不過這裡餐廳供應地中海的魚沒有不新鮮的，而在小巷走逛中，又偶然發現一間正在清單上的餐廳，便信步走進去。

當然因為新鮮所以美味，但魚的價格卻絕不便宜，地中海沿岸大體上到處都這樣，魚比肉高級得多。幾乎看起來像樣的魚都被看來像餐廳老闆模樣的人整批買去當營業用。

村上春樹‧《遠方的鼓聲》頁128

雖然這段書上的文字早已糾正我「海邊的魚都便宜」的錯誤概念，老虎先生會推薦的清單印象所及應該也不會太庶民，但知道和理解是兩回事，收到帳單時還是稍微吃了一驚。兩個人吃掉了整整127歐！可是總共只點了一杯10歐元的酒和一條將近一公斤重的魚而已。魚是用鹽厚厚裹住去烤的，味道確實鮮美，點的時候侍者特別強

1 貓嚇得上樹，狗在下方看著
2 狗追趕著貓

調是今天捕獲的魚，因為是時價，所以收到帳單時可以說完全沒有心理準備。哎，我猜我們不會點菜，又或者這就是村上定律中的愛琴海原則，「鮮魚價格一定很貴」的鐵律吧。

為了一探亞特蘭提斯傳說而開車到島的南端。聖島南端幾乎不見遊人，遺跡休館中，於是在海邊逗貓。希臘的貓到處都是，大部分不太怕人，小貓看到我預備當點心的三明治，就喵喵地走過來討要，另一隻稍大一點的狗也走過來，一副很想吃的樣子。小小的三明治在我一口、貓一口、狗也一口的情形下，一下就吃完。沒有食物了，小貓無所謂地躺一邊舔毛，小狗卻還不夠，生氣似地去趕貓，小貓嚇得跑上樹，也張牙舞爪地對狗哈氣。

「怎麼辦？」我問希波。雖然把狗趕開就好，不過這樣狗也滿可憐的。

還沒有想出方法，小貓的救兵就來了。兩隻成貓「赫赫」地對著小狗哈氣，只一下就把小狗趕走，樹上的小貓趁機一溜煙下來，跟兩隻大貓親愛地蹭蹭。

沿著南端的海岸往北走一會，就是適合游泳的紅沙灘（Red Beach）。紅沙灘是地震出來的峽口，峽口下就是大海灣。裸露出的山壁是飽含鐵質的岩石，呈現出紅顏色來，所以被稱為紅沙灘。要抵達沙灘必須走過陡峭的碎石路，不過人要比黑沙灘那邊少，沿著海走，下方是幾個大白魚似翻曬的人體。

海邊有兩、三間看起來還不壞的餐廳，牌子上寫今日特餐兩人18歐。心想大概是什麼肉串吧？結果先送上麵包，再來是放了很大一塊菲達乳酪的希臘沙拉，主餐居然是三尾烤魚，雖然都是小魚，但加起來的分量差不多也有一公斤。

一邊吃著一邊思考「所以我們現在吃著的魚，是村上春樹附帶說明本地太太一般斟酌選擇不太起眼的家常菜用的小魚嗎？如果是，其實也很美味。」說起來魚只要夠新鮮，烤起來有不好吃的嗎？

我們看著邊上風光明媚的愛琴海，吃著美味的烤魚，再想想那晚在費拉鎮上幽暗餐廳吃的鹽焗大魚，對村上的原則、鮮魚的價格，充滿了不確定起來。在希臘，多少錢才是吃鮮魚的應當價格呢？

1 小餐館的烤魚
2 海邊的小餐館
3 餐館外聊天的左巴

1

2

3

看不到日落的 Sunset 餐廳

「你們如果要吃晚餐，可以去從這條路往下到底的港口，那裏的幾間餐廳都還不錯，你們一定會喜歡。」伊亞飯店的女主人親切地跟我們説，笑咪咪地，像是迫不及待要放假似的。等我們離開，這裡就只剩下今年最後一組客人了。

我們花了非常多的時間在伊亞上上下下爬樓梯，因為地形高低起伏，偶爾被迫穿過別人家的牆，踏著別人家的屋頂去取景。有些人家的屋頂上放了禁止跨越的牌子，完全沒有威嚇力地在風中簌簌地抖。我們守規矩繞過這些，再輕手輕腳，不造成主人家困擾仔細地改爬其他地方，不然若是五年後回來，每個人家的屋頂都放上牌子就令人苦惱了。

差不多能走的地方都走過，才想起還沒有去這個港口餐廳。

順著旅館主人説的路一路往下，抵達了一個很小，但是極美的小港口。港口是一個小灣，叫做阿默迪（AmoudiBay）。夜裡岸上的燈光在水面上跳躍，水面上停泊了幾艘往來火山口的小船，因為港口很小，只能容私家小漁船停放，水面乾淨清澈。小碼頭上開了三間相連的餐館，餐桌椅就擺在水邊，吃飯的同時只要縱身一躍就可以跳進愛琴海。或者換句話説，從水裡捕獲了章魚時，若願意吃沙西米，可以立刻切片新鮮上桌。

説到章魚，在希臘看見許多吊著章魚曝曬的明信片，又讀過《遠方的鼓聲》裡希臘人要摔打章魚好讓章魚的肉柔軟，易於烹調的片段。不知不覺就很想拍攝那畫面，但怎麼都找不到。島上的人説在小漁村或許還看得到吊章魚這種事，致於摔打，「早就不這麼做了唷，二十幾年前或許有人這樣做，但是現在把章魚放冷凍再拿出來煮就可以了（真的嗎？），誰還做那個啊？」他們笑著説。因為讀的確實是三十年前寫下的書，所以這樣講也有道理。偶然跟餐廳的侍者提到這個，對方卻一副不在乎的樣子說：「喔，妳如果夏天來就會看到了，我們餐廳旁邊一整個夏天都吊著章魚啊，有船捕上來就掛著，不過現在不是季節。」咦？

餐館的人不多，因為不是觀光景點，氣氛顯得十分寧靜。

「如果早一點來，還有陽光的時候，這裡一定很美。」我說。

「嗯，不過恐怕看不到日落。」希波指著港口邊的山壁，「這裡擋住了。」

靠海的餐廳

景色動人的祕密漁港

「你看，餐廳叫做 Sunset，在這個看不到日落的地方。」

我們自然而然地想到了 Sunrise、Sunset、Midnight 三部電影，然後發覺眼前的景色跟《愛在午夜希臘時》片尾場景十分近似。那個 Jesse 假裝陌生人逗 Celine，好讓她不要再生氣的一幕。我們聊起電影，聽海浪聲輕輕柔柔地拍在碼頭，一盞盞風燈吊在岸邊，餘暉蕩漾。我想起好像是張愛玲說過，瞬間的心動，往往就足夠兩人廝守數十年。我找到了心動的人，但是對一個地方一眼動心，還有再來幾次的機會呢？

伯羅奔尼薩：
追尋夢想中的羅曼蒂克

卡達米利，渴盼爲人生打開一扇窗

遠行前晚，我們站在簇新的「家」中，行李箱大開、衣物四散，空敞的客廳帶著凌亂。

彼時希波和我成婚年餘。從相識到結婚，我們之間的實際距離始終縮短緩慢，從臺北－維也納的跨時區相戀、臺北－新加坡勉強算同洲（亞洲）相守，等到終於兩人四腳同時踏在新加坡時，也就是正式進入婚姻的時候。同時面對異國與婚姻的雙重挑戰，讓過去的一年充滿各種新鮮與粗糙。我在南國恆常濕熱的空氣中蹣跚掙扎，與生活扔來的問題角力。外食難以下嚥就洗手作羹湯，租金離譜高昂就只能舉債置產。拋棄了原本小資文青的假面，不過一年，已經隱約有點精明主婦的樣貌。然而這現實的一切都好敷衍，在舉目無親的異地、毫無重心的日子，如此日復一日觀看赤道準時不變的日昇月落，迎接晝夜晴雨永遠各占一半的雨林城市，空氣是如此令人窒息。

「可以安排一趟希臘旅行。」一在剛看完《愛在午夜希臘時》的當下我說。以正好可以藉此寫下上一本書《愛在日落破曉時：我的巴黎．維也納》的續集為由，說服了希波。

為了達成目的，我們急匆匆在交屋後開始瘋狂的趕工裝潢，一切求速求簡。臨要出發時，我們的新家還充滿了油漆味，空蕩蕩的房裡只有一張床、一張沙發和一張餐桌，特別製作的石膏板假壁爐在光禿禿的房間突兀地立著。房貸還在申請中，新家百事待舉，可是我的心已經飛離，遠遠拋下南國濕黏的陽光，投入那藍與白的懷抱。

「對了，幫我們辦房貸的專員要趕到機場跟

卡達米利的海邊飯店

我們簽約，都快半夜的飛機耶！新加坡的房貸市場這麼競爭嗎？真是不可思議……妳說，我們搭午夜的飛機去追《愛在午夜希臘時》的場景，是不是好符合旅行主題？」

希波一面忙著、一面喋喋不休，快要呼吸到自由空氣的歡快振奮了我們。在近乎陌生的新加坡重新安定後，終於，要開始久違的長旅。

旅行，如同打開一扇窗呼吸一點自由空氣

「如果妳沒有寫那本書，我們會走到結婚這一步嗎？」他問。

「我們居然買房子了！總覺得這是步入中年的表徵。」

「說起來，我們也算步入中年了嘛！」

希波喃喃自語沒有終結。而我們，不管願不願意，的確進入「前期」中年了。

想到即將前往的卡達米利，幾乎找不到任何資料、從未聽說過的卡達米利，大概除了我們，沒有幾個臺灣人可能造訪過的卡達米利，就更覺獨特。

這趟旅行，雖然充滿未知，但可以算是人近中年，渴盼為人生打開一扇窗呼吸一點自由空氣……。

激情難以持久，旅行卻能有新貌

Jesse：該帶的都帶了嗎？

Hank（Jesse與前妻十二歲的兒子）：嗯嗯

Jesse：欸，你是打算一路打電動，還是你有那麼一點可能稍微看點書？

《愛在午夜希臘時》

從塞薩洛尼基起飛，兩個小時就到了Kalamata機場。

《愛在午夜希臘時》開頭的場景，就是男主角Jesse送與前妻的兒子Hank去機場準備飛往倫敦，這樣無趣的開頭。還記得電影第一集，Jesse和Celine火車上的初遇充滿巧合與浪漫；第二集在巴黎的再相逢又包含了多少年對愛情的追尋；然而第三集的開場就是沉重的「前妻」字眼、老爸態勢的碎念不休和夫妻口角。激情終究難以長久，即使是在如夢的電影中。我們能萬幸的是至少情感如同質量不滅定律沒有消失，只是昇華成另一種樣貌，至於喜不喜歡，那完全是另一回事。不過旅行就完全操之在己，就算是來追一個名不見經傳的機場，也可以是件大事。

是的，Kalamata機場，伯羅奔尼薩半島的主要機場，也是電影開頭場景。事實上，不只是電影開頭，這是一部少見在希臘拍攝卻沒有在海島取景的電影，幾乎所有場景，都在伯羅奔尼薩半島完成。

所以，《午夜》的旅行從此展開，一點也不為過吧？我如此想。然後任性地將小的離奇（主建物寬不過是三十大步的距離）、一點都不美的Kalamata機場當成國際大明星拍攝，在半眼可以看盡的機場小賣店左右窺視，店員的表情愕然，完全以為見到一個亞洲瘋女人。

「這真的是國際機場嗎？」基於對電影的熱情，希波也開始對機場品頭論足。將它拿來和花蓮機場相較（比不過），再又想起馬祖機場。喔，馬祖機場感覺還要豪華一點嘛。

即使如此，我們還是興沖沖地把這個小的不得了的機場逛了兩圈，以各種角度觀看電影中的各種鏡頭。機場裡看起來一個遊客都沒有，店員們像看神經病似地望著不停拍照的我們，不過這有什麼關係？這是我的旅行，我的快樂。雖然說放在四個月前，就是我自己都難以想像會對一座機場如此情有獨鍾。

很小的機場

卡達米利的海岸風光

「我們好像開過卡達米利了？」希波皺眉敲著iPad。

希臘的圖資是行旅的一大障礙，不只大部分道路沒有命名，很多地方根本沒有地址。換言之，完全無法靠GPS導航。為此我們特地下載了名為TOM TOM的APP，只要用手指點出地圖上的大概位置，就可以領航抵達，十分好用。預訂的飯店在地點說明上僅表示位於卡達米利村外大約2公里的路程，根據地圖，離開Kalamata直到卡達米利間沒有其他城鎮，那麼只要看到像個村落的地方，應該就是卡達米利了吧。

卡達米利的招牌

於是一路開車欣賞美麗的海岸線，大聲播放本地電台的希臘音樂，十月的希臘不冷不熱，陽光溫暖，很適合出遊的氣候。

iPad面板上顯示我們已經在卡達米利和飯店之間，但是我們有經過任何村落嗎？杳無人煙的路上，最多不過穿過幾棟房子而已。等等，房子？

「那幾棟房子！難道就是卡達米利？」

帶著滿腹疑問前行，總算發現極小的飯店招牌孤伶伶地站在路邊，指著往海的斜坡。坡底是幾棟美麗的石頭房子，掩在成片橄欖樹後，更後方，就是蔚藍大海。

「歡迎，是Miss Chen嗎？今天入住的客人只有你們喔！」一個頭髮金褐色的豐腴女人從道路旁的石頭房子走出。彷彿電影中Jesse和Celine借住希臘友人家的主人正從電影中走出，迎接我們走進如同影片中一般迷人的場景裡。

機場也好、卡達米利也好，恐怕都不會是「正常人」的旅行重點，然而我卻為了這像是獵奇般的初次體驗雀躍不已，覺得甩開了一成不變，打開旅行人生的全新篇章。

1 卡達米利奇特的房屋
2 我們住宿的地方

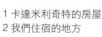

跳脫日常，全面解放

在Booking.com 訂下伯羅奔尼薩這段旅程中唯一預訂的住所。從網上介紹的文字來看，有兩間臥室，客、餐廳和廚房，唯一一張照片裡，海景非常漂亮，但到現場才知道這可不是隨便一個大房間，而是一棟完整的石頭房子。因為是淡季，價格驚人地便宜。

擁有一棟海邊小屋！這在現實中完全不可能，不管是在新加坡還是臺北，我們都沒有任何餘裕「養」這樣的地方。不過現在是旅行，是作夢的時間，我們就是這座美屋的主人，只要願意，這個「主人」身分可以從一晚延長成一星期，滿足我們心願，在這星期活得像住在地中海畔的富豪。

海邊的小屋

卡達米利的美屋客廳

「不用去找電影裡 Jesse 他們住的朋友家了，這裡更美！」希波說。

我默默摸著厚實的木門，看著淺蜜色淡雅穹頂，我所心儀的石作壁爐和粗糙得美麗的石牆。面海處開了兩扇巨大玻璃拱門，屋子的每個角落都沐浴在陽光裡。門外是長露臺，拾階往下又是另一個更大的露臺，高露臺擺了米色的成套桌椅，低露臺則擺了兩張躺椅，露臺下，海浪正一波波打上峭壁。我靠想像力把南國的家搬入這美景如畫，把行囊理好，行李箱藏起，心安理得住下，好似本就是這座石頭房裡的女王。

飯店女主人瑪莉說，我們剛剛經過那個只有幾間房、長度不超過 500 公尺的街道，就是卡達米利。

「卡達米利是小漁村，主要街道很短，順著路的兩側走，還是有一些餐廳咖啡館。如果要自己煮，村口有雜貨鋪唷，雖然看起來不怎麼樣，但是大部分東西都可以買到。卡達米利小歸小，但是是很美的 village，妳們會喜歡的。」

確實沒有什麼不喜歡。希波和我往小海灣走去，想在沙灘上看夕陽，接近暮色時分，除了我們，沙灘上只有一個男人成大字躺在沙地上。天色近晚，直到男人站起身抖掉沙子時，才發現原來這是一個全裸在此做日光浴的人。我讀過村上春樹在無人島上全裸做日光浴的經驗之談，他認為，世上雖然有陰部這種說法，但都赤裸攤在陽光下，那麼陰部也不該是陰部了。不過，實際看男人光溜溜地在路上走，這還是第一次。

「嘿，我還沒有試過脫光了曬太陽。」希波說，一臉躍躍欲試，平日拘謹的人受了愛琴海的蠱惑，轉眼脫光了衣服，赤裸走進愛琴海。

「怎麼樣？我的身材沒有走樣很多吧？」希波得意洋洋。夕陽餘暉灑在他身後，肉眼也好、鏡頭也好，這個時候看到的只有剪影。

「你還記得電影裡，Celine 問 Jesse，如果碰見的是已步入中年的她，他還會不會去搭訕？

1 沒有勇氣裸泳的我，右上方就是租住的地方
2 有勇氣裸泳的希波

Jesse 不過遲疑了一下，Celine 就抱怨 Jesse 是不是嫌棄她是大屁股、掉頭髮的中年女人？」

「記得，怎麼啦？」

「我的遲疑會比 Jesse 長很多唷。」

年輕的我們追尋的或許是容貌身段，或許會不顧一切追求愛，以為轟轟烈烈才是人生最美。然事過境遷，經過時光淬練，才會發現平穩淡然是另一種雋永的心安。當然，這我可不會和希波說。（笑）

觀察世界，複製人生

因為淡季，卡達米利的遊人稀少，我們就是小村裡唯二的陌生人，任何時間點進入當地的咖啡館，幾乎都碰不上客人，老闆們對於上門只喝咖啡的我們態度很「希臘」，隨隨便便端上咖啡，然後隨隨便便挑了距離我們幾步的桌子坐下，有時默默地看著我們，有時跟朋友一起看著我們，嘀嘀咕咕似乎以我們為談天的主題。大約好奇，這個時間這裡怎麼會有兩個亞洲人上門？

在卡達米利的主要街道走動，大致不會碰到什麼人，貓則相當多。夏季應該不是這樣，畢竟兩側最常看見的就是 Room To Let 的招牌，到處是整棟出租的夏屋。就在希波抬頭觀察某間看起來很可愛的度假屋，而我專注地拿相機拍一隻貼著石牆休息的小貓時，尼可拉斯出現了。

卡達米利的咖啡館

1 尼可拉斯和他的貓
2 尼可拉斯養的貓

「妳喜歡貓？」戴著眼鏡滿頭白髮的老先生走過來問。咦？

「這些都是我照顧（take care）的貓喔，這裡只要是黑白色相間的貓，幾乎都是我的貓（my cats），我給牠們弄一個家，餵牠們，帶牠們看醫生，不過牠們很少生病。」

白頭髮先生將我正在拍攝的黑白色小貓一把抓起，咕嘰咕嘰地開始逗貓。小貓並不反抗，抬著頭很享受的讓老先生抓牠的下巴。

「如果妳喜歡貓，可以跟我來，我幫小貓們做的家不遠，裡面總是有貓，不過有幾隻也說不定，牠們來來去去的，我也弄不清楚到底有幾隻。」

名叫尼可拉斯的老先生膚色曬得發亮，是漂亮的深小麥色，像標準地中海畔長大的希臘人，但穿著要比村人精緻。他抱著據稱是「他的」小貓一邊走一邊說，他以前在美國工作，待在紐約很久，也在那邊成家，等到終於退休了卻馬上回到地中海。

「還是這裡好啊，在美國怎麼樣都不舒服，希臘人還是要住在海旁邊才自在，而且這裡的食物才叫食物，番茄、橄欖、新鮮的魚，多麼好！在美國連像樣的橄欖油都買不到，每天就是漢堡、牛排！」

尼可拉斯一面嘀嘀咕咕地抱怨，一面感嘆地說，「回到老家當然好，可是家人都在美國，日子很寂寞，還好有貓，牠們每天陪我，聽我說話。」

天下畢竟難有「兩全其美」的事，有些時候，想得到什麼，就必須忍受失去什麼。

尼可拉斯的小屋在一塊被鐵網隨便圈起來的地中，鐵網被蔓生的野草遮掩，網內是沒有整理的野地，跟外面一樣荒煙漫草。但尼可拉斯並不住在此，他暫居在不遠處的旅社裡，旅社的主人想脫手，所以拜託閒來無事的尼可拉斯幫忙。

「你們是中國來的吧？中國很多有錢人啊。我住的地方要賣呢！你們會有朋友有興趣嗎？」

我們也認認真真地過濾朋友名單一遍，雖然很想幫忙，不過中國的朋友也好、新加坡或臺灣的朋友也好，暫時好像沒有誰會想買一間位在卡達米利、有32個房間的旅店，儘管是很美麗的地方。

在卡達米利，除了店員，尼可拉斯是唯一主動找我們說話的人。一面聊天，一面想著我們不就是年輕的尼可拉斯？正在異國工作成家，身為遊子，就是水也是故鄉的更甜，我也許終究會適應新加坡，但卻不能不思鄉。

世界雖大，雷同的人生卻在不斷「複製」。我跟希波老年後會不會也如尼可拉斯，拋下孩子回到摯愛的臺灣，如果幸運一點，大概能有彼此陪伴，或許還可以有兩隻貓。

等待買主的飯店

星空雖美，玫瑰卻是近在咫尺

《愛在午夜希臘時》與同系列的前兩部電影最大的不同，大概就是所謂的「現實」。二十歲的肆意、三十歲的浪漫，在四十歲面臨的責任、婚姻、孩子的種種艱困下，被擠壓得沒有一絲喘息空間。

如同 Celine，我也隨著希波從家鄉連根拔起，試圖在重新移植的土地上堅強的生長，也開始為家庭和工作在天平上掙扎。還沒有出現的孩子可能會是婚姻的引爆點，而我正在妥協中慢慢往引爆點移動。

Jesse 和 Celine 在前兩部電影中有點飄飄然、有點寫意的對話在《午夜希臘》裡逐漸轉成純粹的神經質。我好像正往那個邁進。當然，電影畢竟是電影，Jesse 最後在希臘的星空下擁抱了 Celine 的所有不安，愛情繼續下去。而我若能找到那個場景，置身其中，是不是也可以對不安定的未來有所期待？

雖然不知道確切地點，但抱著隱密心思，拖著希波，在卡達米利四處尋找。本來並不擔心，因為從電影中知道那就在海邊，一個彷彿碼頭的地方，高高凸起於海岸，放了桌椅狀似露天座。只要沿著海岸走，一定找得到。

不過事情沒有那麼簡單。

首先，卡達米利的沿岸並不容易開車通行，因為道路離海有一段距離，之間野草樹叢蔓生，要用肉眼判別並不容易。唯一的方法，就是將車開下「每一條」往海邊走的道路。

不幸的是，每一條通往海邊的道路都非常崎嶇，每一條都窄小的要命，地上不是砂礫粗石，就是泥土濕濘，租來的房車不太行，上上下下都很費力。

每一次碰上難走的岔路我們就會忍不住考慮：「攝影團隊要載燈具器材，一定是大車，這種路不能走吧？是不是不用下去？」不過想歸想，實際上每條岔路都沒有放棄。**因為很多「柳暗花明」不都是出現在「山窮水盡」之後……**

不過，到了海邊第二個問題就來了，幾乎沒有咖啡館和餐館。這裡的每一個小海灣、小碼頭，都因為占地太小，無法營業，倒是看過一個廢棄的小教堂。

某日看完夕陽開車去買補給品途中，我們討論是不是該離開了，畢竟已經走完所有海灣，再沒有別的好逛。車行到卡達米利村口唯一一家雜貨鋪前，我們進去買了幾顆橘子、一袋帕帕得普洛（PAPADOPOULOS）牌餅乾和一大瓶水，走出來正準備開車離開。

「等一下，妳覺不覺得這個雜貨店很眼熟？」希波說。

我回頭認真打量，猛然發現，這不就是Jesse一家在電影中買東西的店嗎？這間店跟電影中完全一樣，一丁點改變都沒有。我們來去這麼多次，一心撲在找海景這件事上，居然完全沒有發現。

這個意外發現令人驚喜，也讓我跟希波重新體會「星空雖美，玫瑰卻是近在咫尺啊！」

電影中的雜貨鋪

夢想不是努力的終點，是下個夢想的起點

Jesse：第一，妳就是個瘋子！去找看看妳夠不夠好運，有人願意忍受妳搞出來的一堆爛攤超過六個月！但我接受好嗎！不管是妳的瘋狂還是聰明理智那面。我知道妳不會改變的，我也不要妳改，我愛妳就是妳。

《愛在午夜希臘時》

找不到心中目標，卻不可能一直待在原地。我還想努力一下，至少也在海邊假裝一下Jesse和Celine。

Harilaos 餐廳是目前卡達米利唯二供應晚餐的餐廳之一，也是幾天探查下，唯一在卡達米利擁有海景的餐廳，我們來過這裡勘景，覺得至少有那麼一點《愛在午夜希臘時》的意味。

很幸運地餐廳有營業，這間餐廳的淡季營業

Harilaos 餐廳

時間完全看心情。包含我們共有三桌客人，其中一桌高達六人，以本地經驗來說，已經可以算是生意非常好的一晚。

點了烤蝦和炸魷魚（calamari），一邊喝酒，海鮮非常美味。老闆在三桌客人之間來去穿梭，對我們這兩個亞洲客尤其熱情。

「妳們是因為電影來的？電影？我們這裡有拍過電影嗎？」

「Before Midnight？沒有聽過。什麼，經典愛情片？我不看那個啦！真的是在卡達米利拍的嗎？我住在這裡很久，沒有聽說有什麼好萊塢來拍片過啊？」

喝了酒的老闆聽說我們來意，非常驚訝，我們對老闆的反應也很驚訝，這麼小的一個村落，有人來拍電影應該是大事，總不會整部電影在卡達米利拍攝的只有那間雜貨鋪？「你們等等。」老闆說著，回頭大喊了幾聲，一個年輕人從廚房走出來，兩個人哇啦哇啦地說起來。

「這是我姪子，他在餐廳幫忙，他記得有人來拍過電影，你們可以問他。」

老闆姪子顯然對拍片過程知之甚詳，雖然他不明白拍的什麼片，沒看過Before Midnight，更不認得擔任男女主角的伊森霍克或茱莉蝶兒，不過，他很確定有人來拍電影這回事。

「一堆人亂糟糟來過好幾天，到處拍，不過沒有到我們餐廳喔，你們說的那個景不在我們這裡，不過你可以描述一下，我或許知道在哪裡。」

「很像我們這裡？有餐桌餐椅，有掛小燈？」

「我知道啦，那就在那邊。」

老闆姪兒很肯定地說，那場令我魂牽夢縈的拍攝地點，就在餐廳的另一面。

電影中的碼頭

Harilaos 餐廳剛好是在ㄈ字地形的橫槓上，ㄈ字中是海，隔海的另一橫槓就是拍攝地了。

「他們搬了一堆桌椅過去，架燈架椅的，搞好久。後來從我們餐廳前面這塊地，架了好幾個很大的燈，從這一邊打燈光過去。你說那裏是什麼？什麼都沒有，就是一片空地嘛！」他指著那塊被我們懷疑過的靠海水泥地。

居然就這樣找到了！結果在卡達米利的最後一個早上，我們總算來到這塊比以為要狹小很多的空地，靠著廢棄的空屋，描繪出電影那幕，然後拍下電影裡完全沒有出現，透明的像藍色水晶的海水，和幾艘伶仃漂浮的舊漁船。

「喂！我像神經病一樣的把你拖到這個根本沒有觀光客的地方、逼你陪我亂找、浪費你好幾天的假期，做這種奇怪的事……」

「嗯，怎麼樣？」

「你會不會覺得這樣很煩、很討厭？講實話！」

「不會啊，我習慣了，妳又不是第一次這樣，況且很好玩，我從來沒有想過我會特別飛到希臘開車穿過伯羅奔尼薩半島，待在一個從來沒聽過的地方這麼多天，這種經驗哪是很多人有的啊？這種瘋子做的事可以多來幾個，生活才不無聊。」希波轉頭看我，拍拍我的頭「我認識妳時就知道妳，這叫做有夢想，妳不這樣我還不愛咧。」

呃，這算是獲得保證嗎？

卡達米利

斯巴達、米斯特拉與邁錫尼

純以知名度來說，斯巴達的名氣恐怕不下於雅典。這要拜好萊塢電影強勢推銷，以至於《300壯士：斯巴達的逆襲》裡那些渾身上下充滿肌肉，勇敢無畏的勇士，成為斯巴達的代表。只是這個名聲響亮的古城，如今只是中拉戈尼亞平原上的一個小鎮，連遺跡都所剩無幾，完全稱不上觀光景點。

不過我還是想去，人生是記憶的堆疊，這些堆疊往往在莫名的時間發揮出莫名的力量，主宰了一些什麼。

把我推去斯巴達一探究竟的，大概就要算是童年的記憶。

小時候，父親管教甚嚴，以培育我「無懼」為重點。剛要上小學前一晚，老爸嚴肅的與我單獨談話，他直直地盯著我，很清楚的宣告：「在學校不要被欺負就哭著回家，要是這樣，回家我還會罰妳。人家罵妳，妳就罵回去；要是有人打妳一拳，妳就要打兩拳回去。懂了嗎？」

又比如小時怕黑，他就讓我一個人在黑屋子待十五分鐘，不許開燈、不許哭；被鄰居家一直亂吠的小狗狂追，他就叫來自己訓練的大杜賓犬，命牠張嘴，讓我將手放進去摸大狗的牙齒。我並沒有因此受到心靈創傷，相反的，居然確實克服對於黑暗和惡犬的恐懼。

親戚朋友聊起來總是說老爸是斯巴達教育，以至於在不到七歲的年紀，我就知道有個地方叫斯巴達，那裏的人跟我老爸一樣。

老爸在嚴格之餘也給了我充分的愛，那些別人聽起來有點可怕的事，在我回想卻是溫暖得意的。我因此一直想去斯巴達看一眼，即使知道斯巴達教育不全是那回事。

斯巴達被塔伊耶托斯山脈環繞，使它與周遭城邦缺少交流，連強大的邁錫尼文明都無法滲透。然而山路崎嶇，從 Kalamata 一進入山便感覺

1、2 塔伊耶托斯彎曲的山路
3 從塔伊耶托斯山路看向遠處

山高路險，十分陡峭，車行間不斷左彎右繞，從地圖能看出伯羅奔尼薩內陸地區眾山圍繞，不過其中的高低起伏，沒有實際走過還真不知道。與北宜公路的九彎十八拐來比較，彎曲的程度不相上下，而高低差距更大。一旦上山便沒有路燈，也幾乎沒有行車，如果下午才入山，很可能入夜還在山裡出不去。

「這種路段沒有燈要怎麼開車呢？很容易便翻車下山了。」路上連反光板都不太有，得出這種結論也是理所當然。果然馬上看到荒無人煙的山壁間居然開了野店似的小旅社，十有八九是提供無法開夜路的人留宿吧？

歷史上斯巴達在波希戰爭（波斯與希臘之間的戰役）中扮演吃重角色，歷時許久的波希戰爭主要是波斯帝王大流士與他的繼承人薛西斯一世征討希臘的戰事。如您所知，希臘打退了侵略者波斯，其中大流士的征討讓希臘留下了馬拉松之戰的光榮事蹟，薛西斯一世的征討則有了讓斯巴達美名流傳、同時成為電影《300壯士：斯巴達的逆襲》死守溫泉關的歷史背景。而我們正經過的這片包圍住斯巴達的層疊山脈，則是在馬拉松之戰扮演了隱藏性的角色。

馬拉松之戰之所以聞名，除了因為這是希臘首次以自身力量成功抵禦波斯，主要還是為了那位傳遞勝利消息而把自己跑死的傳令兵。正為了紀念他，才有了所謂的馬拉松賽跑。我曾經以為這個傳令兵大約是帶傷跑步，所以才會跑了42公里就力竭而死，畢竟現代馬拉松那麼常舉行，輕鬆可以跑下全馬42公里的大有人在，並沒有聽過誰因為這個死了。傳令兵本身可以說是職業長跑者，怎麼會因為這個距離就跑死了呢？不過後來在村上春樹的書裡讀到這段經過，才知道原來傳令兵在那天之前已經在雅典和斯巴達間跑過一個來回。在伯羅奔尼薩曲折的山路，光是單程都要212公里，如果用跑的，我覺得光這段就能出人命，就這樣隔天還馬上又跑去馬拉松查看，也實在太厲害。不過都沒有人能替他嗎？因為只有一個傳令兵所以才不得不又跑的嗎？

翻山越嶺後那眼見的眞實

新斯巴達是個小城，非常不起眼，但乾淨，而且安靜。午後時光，街上有一種強烈退休後的靜謐感。斯巴達新城跟老斯巴達除了地理之外沒有關聯，曾經的鐵血氣息消失殆盡。斯巴達的勇士們死後應該不會想留在這樣的地方。

找人詢問斯巴達古城怎麼走，被詢問的幾人都說那是一個什麼都沒有的地方，並給我們一種「去那邊是有病吧？」的表情。難道去斯巴達古城是這麼奇怪的事嗎？我還想在遺跡旁喝杯咖啡眺望一番呢，不算很過分的奢求吧？

「所以小嬰兒一出生就要被檢查身體好不好？不好就殺了？他們怎麼知道嬰兒身體不好？」希波問。

「據說是用葡萄酒浸泡，如果嬰兒出現發抖抽蓄痙攣，就會被認為有缺陷，當場就會用酒淹死，男女都是。因為斯巴達人認為女人健壯才能生下強壯的嬰兒。」

「剛生的小孩就被淹死，媽媽不會很難過嗎？」

「斯巴達女人認為是為了國家生的小孩，小孩太孱弱母親也會覺得可恥。荷馬史詩提過，說斯巴達女人送自己兒子上戰場時，都抱著除非勝利，不然就戰死的信念，非常尚武。」

斯巴達教育相當殘酷，男孩長到七歲就會集中訓練，不但用「固定被鞭打」來鍛鍊，飯也不讓吃飽，逼小孩想辦法去偷搶拐騙訓練應變。女孩稍好一點，但也練摔角搏擊，甚至光著身體跟男孩一起進行，總之也很強悍。我雖然一直不相信愛的教育，但要是身為斯巴達的母親，恐怕也受不了。

這樣尚武的社會，軍事政治以外的運作都是由次等公民和奴隸執行。斯巴達社會由三個階層組成，戰俘被貶為奴隸，是希洛人（Helots），意為「什麼都不是」，要做所有重勞力。被攻下的順民算二等公民，被稱作庇里阿西（Perioikoi），意為邊緣，他們負責輕勞力及生產出息。而斯巴達奴隸最悲慘的原因是他們被劃歸為「公產」。斯巴達人是不被鼓勵有私產的，包含國王在內，大家都是到人民公社般的地方吃大鍋飯，所有財物均分，奴隸也是。因為如此，奴隸隨便被打殺都是家常便飯。而且斯巴達軍事訓練的方式之一，就是每年讓公民們去獵殺奴隸，順便減弱奴隸的反抗力量。

車子駛出新城，開始進入舊城的路，堪比希洛人的命運一般崎嶇，而且情景非常符合路人們的說法：「什麼都沒有。」這個沒有，徹底到連道路都看不到，車子勉勉強強在橄欖樹群的間隙中穿過，穿行的泥土路不時有大如拳頭的石子嵌在路面上，輪胎壓過去會可憐地發出嘰嘰聲，人也會「蹦」的在位子上顛好大一下。這個斯巴達古城，完全沒在野林，不要說咖啡座，這裡完全什．麼．都．沒．有。

在橄欖木與雜樹林間的古斯巴達道路

我試著攀在樹上遠看，這才算是看到半埋在草叢間的古斯巴達：一小片石頭殘跡下陷在山坳裡，橘紅色的塑膠布欄圈起來某些部分，幾個工人模樣的人在像是地基上的地方磨磨蹭蹭。

「修復不完，也沒錢修。」其中一位聳聳肩，用生硬的英文這樣說。

站在烈日下，古斯巴達上，我想起「剛不可久」這句話。曾經那樣榮盛，被希臘學者推崇「簡樸、平等、強大」的斯巴達，如今什麼都沒有剩下。被羅馬併吞後，就被消化了，成了其他民族的養分，時間輕易抹去斯巴達的痕跡。

熾烈的傳説已隨風而去，人要翻山越嶺尋根探究，才能眼見真實。

古斯巴達的殘跡

米斯特拉有很多橘子樹

橘子樹裡的米斯特拉

米斯特拉是一座古拜占庭城市，在斯巴達西北方約一個小時車程。一路上馬路寬闊，兩側都是農園，土地並不豐饒，樹木都光禿禿的，只有橄欖樹長得漂亮。不過漂亮的橄欖樹越往米斯特拉就越少，取而代之的是橘子樹，最後整片都成了橘子樹的天下。

古米斯特拉和古斯巴達雖然鄰近，但是規格完全不同，不僅非常廣大，也不太能稱之為遺跡。希臘的遺跡到處都是，全都是斷垣殘壁，鮮少能看到建築的完整形態，殘餘的部分即使是非常熟悉希臘建築的人，也難以想像出原貌。米斯特拉是極少數的例外，本身依舊是很完整的城市，依照殘留的狀態，與其說是遺跡不如說是廢墟，非常廣闊的廢墟，立在泰格特斯山脈前麓的小丘上，遠遠就可以看到。

米斯特拉一開始不是希臘人的城市，這點從

建築上就可以看出來。這座城是十字軍東征時佔領伯羅奔尼薩後，憑空建造，用來控制拉科尼亞地區。不過十字軍還沒有把此地窩暖，拜占庭軍隊就來了，一舉攻下了十字軍，逼其交出了米斯特拉。

米斯特拉在拜占庭時代占據重要位置，這點可以從米斯特拉王宮規模看出。這裡的王宮是君士坦丁堡之外，最大的拜占庭王宮，而且拜占庭帝國的最後一任皇帝君士坦丁11世還是在此處加冕。米斯特拉從建立的13世紀到15世紀中，應該都相當繁盛，按照歷史紀載，也有柏拉圖派的希臘大哲在此地定居授業，儼然是文化中心，就算後來鄂圖曼帝國吞併了拜占庭，也只在原本僅有教堂的城市裡納入清真寺，改變不多，米斯特拉依舊繁盛。

米斯特拉小鎮

米斯特拉內部的模樣

然而，命運的轉折點還是在鄂圖曼帝國。米斯特拉在歸降鄂圖曼後一度又被威尼斯共和國占去，不甘心的鄂圖曼又回頭打過來，兵力處於弱勢的米斯特拉在威尼斯人敗走後，被鄂圖曼帝國鎮壓洗劫。當時已經是18世紀，這次大規模的破壞導致米斯特拉進入衰敗期，一直不能恢復元氣。等到19世紀希臘的獨立戰爭開始，伯羅奔尼薩半島向來就是希臘最有反鄂圖曼統治精神的地方，無可避免成為反抗運動的中心，也因此遭遇最激烈的鎮壓。這當中米斯特拉完全被破壞殆盡，等到希臘獨立後，已經糟糕到難以修復，整座城因此被放棄。希臘人覺得乾脆重建從零開始「什麼都沒有」的斯巴達還比較容易，這也是之所以有斯巴達新城的原因。

付了5歐元，走進米斯特拉。這片廢墟是一個古城市的規格，房間迴廊教堂大體都還能說完整，雖然說重建要花很大功夫，但實際走入，感覺上許多部分好像搬個家具就能入住，因為占地廣大，遊客相對稀少，因此很安靜。聽著山坡上的風聲，隨意揀選房舍出入，比任何其他地方都能懷想古希臘人的居住生活。整個米斯特拉的道路零散，雖然有地圖可以參考，但實在太大，每個部分都細看的話，整整一天也逛不完。

我們從建築的立面觀察不同時間層疊堆加、不同文化風格的改變。看新建築立在舊建築上，猜測是東風壓倒西風或是西風壓倒東風？有些地方保留下的濕壁畫顏色依然鮮豔，而主體的拜占庭風格之外，又揉雜了一點旁的。跟別處遺跡不同的是，這裡彷彿還看得到戰亂的痕跡，隨意就可以想像士兵交戰烽火相連的情景，整個廢墟像是橫躺在地，飽經蹂躪的美人，所剩無多的風韻慘烈地描述了整個希臘曲折悲慘的歷史。雖然這說起來真不關我的事，但純以旁觀者的身分來看也心情沉重。我們走出來坐在石牆上，山裡的風依舊呼呼地吹。

「你還記得電影裡Celine說Seen one, seen

them all 嗎？我已經有點這種感覺，不太想再認真看什麼遺跡了。」

「好吧，那不去柯林斯好了，不過伯羅奔尼薩上我還有一個地方要看，邁錫尼。妳知道吧？那裏我從前學西洋建築史時的重要建築。」

「你去，我車上睡覺好了。」

「you know. You snooze, you lose in this world.」

「你記得嘛！」

Celine：應該停車一下，Ella（他們的女兒）很想看這個遺跡。

Jesse：但我們應該叫醒她們嗎？

Celine：我不知道。

Jesse：那就這樣吧，再見了破遺跡，你們到底有什麼偉大？

Celine：看一個就等於見了全部（Seen one, seen them all）！我們真是很糟糕的父母。

Jesse：我們在幫孩子塑造性格，教她們一堂課，妳打個酣，就可能錯過世界（You snooze, you lose in this world）。

《愛在午夜希臘時》

參觀米斯特拉

邁錫尼城裡的人生

我第一次讀到邁錫尼文化是在很詭異的地方。

就在這時，他聽到一個磁性的聲音在問：「先生，你研究克里特—邁錫尼文化？」聲音極其動聽，而這樣動聽的聲音，卻提出了這樣一個嚴肅的問題，這多少出乎羅開的意料之外。這時，羅開只穿著一條泳褲，在只穿著一條泳褲的情形下，一般來說，教授學者和流氓地痞，是沒有什麼分別的，那女郎為什麼會向他發出這樣的問題呢？

所謂「克里特—邁錫尼文化」，又稱為「愛琴文化」，泛指西元前三千年到西元前兩千年，在愛琴海諸島，以克里特島為中心一帶的文化。愛琴文化是古希臘文化的起源，對人類歷史有十分深厚的影響。

羅開不是這一方面的專家，他對愛琴文化的所知程度是一般性的：知道當其時，有一種稱作「線形文字」的文字，那種線形文字有甲種和乙種兩類，乙種已由考古學家解釋出來，甲種至今未有人可以明白。

他也知道，愛琴文化的遺址，在本世紀初，曾受到大規模的發掘，其中最著名的，自然是米諾斯王宮，傳說是米諾斯王在天神的幫助下建造的。和許多著名的古代建築一樣，米諾斯王宮即使用最現代的建築學眼光來看，也是不可思議的，它的整體結構，千門百室，曲折相通，是著名的一座「迷宮」！他也知道，愛琴文化盛行時代，青銅器已十分普遍，而且，冶鑄技術也已十分高超。

倪匡．亞洲之鷹羅開系列《巨龍》

小時候對倪匡相當著迷。家中長輩隨意擱置的《巨龍》是我讀的第一本倪匡，自此進入科

在邁錫尼留下的倩影

幻小說的殿堂。但接下來要糾正大師實在不好意思，引述的段落中，所謂的「克里特—邁錫尼文化」是錯誤的。克里特島上的文明是米諾斯Minoan，比邁錫尼文化要稍微早一點，兩個文明因為共存的時間很長，所以多少有交互影響，比如文中提到的兩種線形文字，乙種的出現就是因應也發展出線形文字的邁錫尼文明。而代表邁錫尼文明的遺跡當然是邁錫尼古城，比米諾斯王宮早被發現一點。兩個文明並不相同，但又有相似的細微處。不過後來米諾斯被邁錫尼打敗，邁錫尼因此將觸角從伯羅奔尼薩半島延伸至克里特島，不過兩個文明最後都湮滅在歷史間。

據說因為海上蠻族（也有一說是多利安人）的入侵，文明衰亡，本來已經發明文字的希臘進入黑暗期，連文字都消失。也因此，荷馬古詩中的邁錫尼城，有很長一段時間被認為是虛構的，如亞特蘭提斯一樣並不存在。一直到19世紀被一位專門研究傳奇的德國考古學家挖掘出，才被確

沒有頭的邁錫尼獅子門

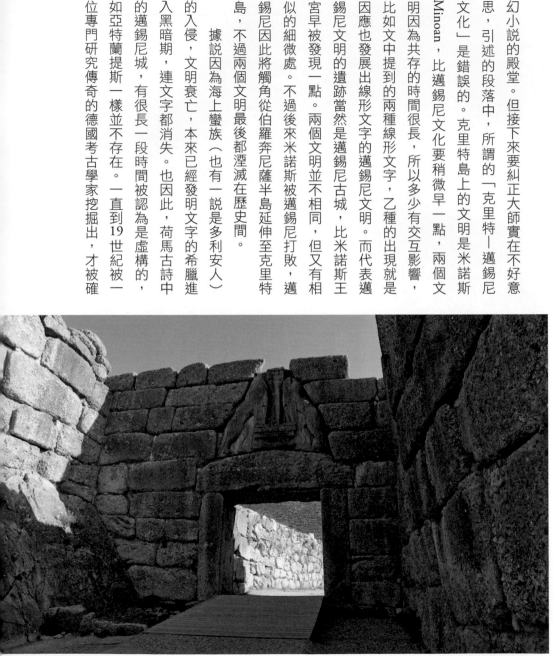

切證實這個城不僅存在，且邁錫尼文化在距今四千年前統治了整個南愛琴海，最遠從西西里島到中歐都有發現他們的遺跡。

最著名的，是在邁錫尼古城中挖出大量的黃金陪葬品。其中最有名的是阿伽門農王的黃金面具。阿伽門農王是荷馬史詩中特洛伊戰爭女主角大美人海倫的哥哥，而荷馬古詩中只要提到邁錫尼就一定會加上一句「多金的」。在詩裡，邁錫尼是一個遍地黃金的富庶地方。因此當邁錫尼古城被挖掘出，兩相佐證之後，荷馬史詩就從口語流傳提升到可以做為歷史旁證。邁錫尼文明的消失最早就是跟特洛伊戰爭有關，邁錫尼的君王是攻打特洛伊的希臘聯軍之一，一場戰爭打了十年，雖然最終戰勝，但是花費的人力財力太大，一直沒有恢復過來，積弱許久的結果就是被人滅掉，人情之常。

不過希波對這些都沒興趣，他在乎的，只是邁錫尼古城中的獅子門。

「以前念西洋建築史，第一個講的就是這個，我到現在還印象深刻。」

我們就這樣站在四千年前即存在的獅子門下，兩隻對坐在門上的雌獅子已經斷了頭，但還堅守崗位。我猜想當時獅子門已經相當雄偉了，不過對現代人來說，還不到令人驚豔的程度。據稱斷掉的獅子頭是黃金做的，難怪無法保存，不過拿雄獅形像作守衛不是更有氣勢嗎？為什麼要用雌獅子呢？

「那是因為母獅是邁錫尼人的守護神。不過說實在的，沒有頭，誰分得出來公母啊！」希波說。

整座邁錫尼古城非常巨大，雖然實際面積不如米特拉斯，但是因為沒有什麼完整部分（獅子門已經算是其中最完整的了），放眼過去很開闊，又在山丘上，往下望遺跡逐漸掩沒在山野裡，恍惚就會感覺連山遍野都是邁錫尼古城。

「你覺不覺得這裡很像 Jesse 和 Celine 黃昏

前在一片荒野中漫步的地方，就是電影海報，他們並肩走在一起的背景。」

Jesse 和 Celine 在荒野中，抱怨著難以在諸事龐雜的生活中，騰出一點夫婦談心的時間。我猜想，也許並不是沒有時間，只不過沒有談閒事的心情。過去兩年，希波的印度上司給了他諸多麻煩，我也因為種種不適應，頻繁離開新加坡，接踵而來的購屋置產、房貸、裝潢，一樣一樣砸得人焦頭爛額，才兩年，已經確實丟失了婚前的閒情逸致，促膝談心這種事，許久沒有出現。藉情借景，在空曠的荒野中，似乎可以敞開來談婚姻裡初嚐的空虛。

「你說，還沒有孩子呢，如果以後天天只剩吵『幫小孩洗澡沒？』『小孩哭不會去看一下嗎？』之類的，不是很沒意思嗎？」

「就算孩子變成我們全部的話題也沒有不好啊，這樣不是很溫馨嗎？」

「那樣生活只是空洞而已，我的自我就不見了。搬到新加坡，暫時也不能工作，每天就是洗衣燒飯，腦子光想今天煮什麼……」

「所以有孩子陪妳，妳就不無聊。等我們老了，孩子大了，還有更多回憶可以一起聊，那時候我想不提孩子只怕妳都不肯。」

風呼呼地吹散希波的話。那個時候孩子其實已經悄悄地來了，只是當時的我們誰也不知道。

整座古城非常巨大

邁錫尼

納普良，永遠是「人」讓你記憶深刻

納普良是很美的海港。雖然用「小鎮」來稱呼，但這個位於伯羅奔尼薩半島東北部的城市，因為位在海灣內的半島上，形成天然屏障，戰略位置優良，在歷史上數次成為要塞，也是希臘獨立後的第一個首都。所以實際來看，也並不是太小的地方。因為位置優良，此處與伯羅奔尼薩的許多地方一樣，輪流被拜占庭人、威尼斯人和土耳其人占據，所有占領者都為此處加強防禦工事。這座工事強悍的城市，理所當然在希臘獨立戰爭期間扮演重要角色，不過與他處不同，納普良是敵方鄂圖曼帝國的主要據點，因為難以攻下，被希臘軍隊以包圍斷絕外援，最後因為彈盡糧絕才投降。

從米斯特拉到納普良，歷史上是截然不同的敵對方，在氣氛和景觀上，兩地更絕不相似。地理上我們再度回到了海邊；心理上我們又回到了希臘。雖然外觀看納普良也許更義大利一點。

可是還是要有海的地方才像希臘啊！我深深深深這樣覺得。

落腳的飯店是Xenon Inn，位於一個小廣場，四周都是酒吧咖啡館餐廳，即使在淡季，也不會太過冷清。飯店本身很古典，房間帶有潔淨的氣息和歷史感，附有大得可以跳交際舞的露臺，露臺往下看就是廣場。走到海邊或舊城都很近，位置上相當不錯。

不過服務很隨便，不是不親切，就是隨便。我們的大露臺房間就是這樣來的。Check-in 時櫃檯的先生問：「還有一個人呢？三個房客都要影印護照才行。」

「哪來三個人？」

櫃台再三重複看訂位資料，搔搔腦袋說：「好像是兩個人喔？我以為有三個人所以幫你們安排了大房間，啊，那你們就住大房間好啦。」一可能因為淡季服務人員不多，一人身兼多職，這

1 房間外有一個大露臺
2 納普良的飯店房間

納普良的飯店

位先生看起來也要管一樓餐廳酒吧的樣子。雖然我們抵達的時候，酒吧還沒開，第二天早餐時服務的人也換過，要說忙也不是那麼忙，所以也許只是因為淡季，腦子太久沒上發條的緣故。

不過，另外一件算數有點問題的事件，就不太令人開心了。

散步到海邊時，馬上能感覺到觀光的重點大概就在這裡。周圍規劃合理，整潔美觀，路旁種了整排的棕櫚樹，跟印象中的希臘有點不同，靠海的地方有一片巨大空地，孤單地停著兩列小巧的火車。這樣的觀光小火車從前在巴黎聖心堂、馬賽聖母教堂前都看過，但從來沒搭過，一時興起，想搭上去看納普良山上的著名城堡。仔細看了廣告牌，有兩種不同的觀光車，小火車以外，還有迷你型的露天巴士，不過已經進入淡季，迷你巴士休業，剩下的兩列小火車走不同路線，走紅色線的紅白小火車目前也停駛，藍白小火車的駕駛則很無聊地坐在車上。車票一人4歐，並不貴，不過詢問之後，小火車駕駛說至少要有四名乘客，不然不發動。

四個乘客是16歐元，心想難得來闊氣一次也不算太過分，納普良又不是東京，可不是隨時都會再來，於是跟駕駛討論，我們付四個乘客的錢，是不是就可以發車？

本來懶洋洋的年輕駕駛馬上睜大眼睛，目光從我身上巡梭到希波身上，又游移回來，手撫著下巴想了又想，「這樣吧，你們給我20歐元，我就開車。」口氣不太容得下討論空間。

「你剛剛說四個人就開車，四個人只要16歐元，為什麼漲價？」

「因為我剛剛說錯，要五個人才能開車，怎麼樣，要不要啊？這裡有營業的只有我這一台喔。」

多出4歐元不是什麼大事，要不計較也可以，但明明就很不高興，為什麼要裝好人呢？何況年輕人那副「吃定你們」的樣子實在非常討厭，當然轉身就走了。年輕駕駛也不想降價，眼睜睜看著我們走了就懶懶地窩回車上翹腳睡覺，大概在旺季時賺夠了，感覺上賺我們這幾歐元遠沒有打盹來得重要。

說起來觀光從業人員真的是外國人對當地重要的第一印象，應該要好好挑人才是。小火車事件讓納普良本來風光明媚的景色，頓時被狠狠扣了一半分數，連後來的印象都好不起來。

趁機抬價的小火車

淡旺季，有兩種價格

納普良海邊大道「很直接」，完全是海邊大道的直白演繹。基本上組成就是海、大道和眾多露天座位，再來隔得老遠才是建築群，馬路遠遠在建築群之後。海和建築主要坐落的地方隔了幾百公尺。我猜這個地方暴風雨來襲時浪能打到岸上很遠。桌椅洋傘可以搬走無所謂，建築不遠遠退到後面就不行，在看了數日的荒山與古城後，能再度重新看到美麗的海，是視覺與心靈的雙重享受。

古人說，仁者樂山，智者樂水。意思是仁者心境寧靜如山，智者則如水懂得隨機應變。然而我卻深深感覺，許多時候，唯有看海，能換來些許寧靜。

海邊大道

納普良海面平靜

此時的納普良無疑是看海的好地方，海浪平靜美麗，氣氛上悠哉而不失觀光氣息。這個時間點，海邊大道上的露天座位只坐了少少的人，看海的客人全都穿著良好，講話細語輕聲的女士先生。除了我們寒酸地點了咖啡，其他桌上都擺著漂亮的雞尾酒。「這種地方的酒才不會好喝！」住過歐洲八年的希波很懂似的説。海中繫了繩子的小船隨著海流輕輕上下起伏，怎麼也漂流不開。

小船後遙遠地孤立了一座迷你小島，是從前的土耳其監獄，大概是舊金山惡魔島的概念。不過年代上卻要久遠得多，很可惜並沒有被保留作思古懷舊之用，現在該小島歸某間高級飯店經營，不隨便開放給外人上去。

侍者慢吞吞送上菜單，翻開一看，每項都有兩種價格。菜單下方註解是八月三十一日前的價格是原價加23％的服務費，八月三十一日後的價格是原價加15％的服務費，此外並沒有解釋其他原因，單純標了淡旺季價格差別罷了。我想旅館這種地方大概是淡旺季價差最明顯的，但還真的沒有看過餐廳的價格也有淡旺之分。應該說，即使是淡季，如果菜餚美味、促銷活動、別間餐館歇業，餐廳也還是有滿座的可能吧？所以並不合理。**不過世界運行各種規則，一一去和那個纏鬥不如看海。**

大概納普良人也懂這個道理，這種淡旺季價差似乎只出現在海邊大道上。

「我覺得差不多在電影演了四分之三時，Jesse 和 Celine 一邊聊天一邊講話的幾個鏡頭，應該是在納普良拍攝，就在海濱大道旁邊的廣場再過去的巷弄裡。」

「導演維持一貫風格，鏡頭也太跳接。才不過講一段話的時間，拍攝地可以差個百公里，不累嗎？」

濱海的納普良

「重點是，背景根本不影響劇情，老實說也添加不了幾分美感，何況沒有幾個人像妳一樣瘋，花時間在看背景吧？老是這樣搞很有意思嗎？」希波對於當年執著於找《破曉》、《日落》片段的「折磨」印象深刻。那時因為搞不清楚導演手法，試著按照分鏡按圖索驥地找取景處，結果差點沒走斷腿的往事，還歷歷在目。

「是有點偏執。可是很多時候，很多事情，很多夢想，沒有一點偏執是做不到的。什麼事情大體總有好壞兩面，壞處越黑暗，好處就也越光明。」

就像這個九重葛處處開，嬌豔一片桃紅、天藍海闊的美麗納普良，也有那麼沉重的歷史、那麼討厭的人啊！

飯店的小島

Part III

跳脫日常，
看見不一樣的人生

北希臘：人生近晚也不能失去熱情

遇上希臘舒馬赫

「讓我爸開車沒問題，他很喜歡開車。不過我和姐姐常常不在家，他已經很久沒什麼機會開長程了。」安潔莉姬請我們到她家吃飯時這樣說。

安潔莉姬的父母都不太通英文，父親胖胖的，母親則是身材非常標準的美人。他們的居所布置得很典雅，到處插滿花，客廳的茶几上放了一張女子的照片，是安潔莉姬的姊姊，他們家的孩子就姊妹兩人，目前也都不跟父母同居。安爸爸對這個不太滿意，不過還不需要小孩革命才能搬出去的地步。

他就是希臘舒馬赫

安爸安媽家裡布置得很典雅

安潔莉姬母親做的 spoon sweets

按照安潔莉姬的安排，有三天是由安潔莉姬年過七十的父親載著我們一行人出遊。

「這樣真的好嗎？」按照安潔莉姬的安排，每天車行距離都相當長，讓一位老人家連開三天的車實在說不過去，還是讓希波或我來開吧？不過這個提議被無情否決，「不要剝奪我老爸開車的樂趣！」安潔莉姬兇巴巴地說，「我爸可是希臘舒馬赫！」

希臘舒馬赫？我再看了一下安爸，和顏悅色的眉目、花白的頭髮、中廣身材，雖然看起來沒有實際年齡老邁，但也是養尊處優的老先生，本職是醫師的安爸看起來一點殺氣都沒有。希臘舒馬赫？

安媽端出看似果醬的罐子遞給我們，示意我們用湯匙挖出一些放在碟子裡。「Spoon sweets。」安媽說。這是希臘人家常自製的甜點，客人來時招待用，專賣的店也有很多，通常使用比較酸澀的水果，比如柑橘或葡萄（希臘葡萄普遍偏酸），兑上等重的糖，煮滾十分鐘後靜置一晚，第二天再繼續煮到糖漿變成稠狀為止，此時添上一點檸檬汁，也有人會在這時加杏仁或其他香料，放涼後裝入罐子就可以保存很久。叫做Spoon sweets 的原因是因為這一般是裝在湯匙請客人的，因為十分甜，一般也吃不多，可以單吃也可以配希臘優格或冰淇淋。

回家後我用葡萄做過一次，很好吃。安媽端給我們的Spoon sweets 就是葡萄做的。希臘舒馬赫本人正在大口吃著Spoon sweets，他的碟子上裝的Spoon sweets 的分量，大概是我們的五倍，嗯，愛吃甜食的舒馬赫。

不過最後證明安潔莉姬是對的，安爸開車的速度如風，明明是手排而且有點老舊的小車，結果在彎曲山路或是粗礫砂地都完全不減速度一路飆行，沿路透過安潔莉姬口譯介紹各處，每每等到安潔莉姬跟我們說明時，車子已駛離景點老遠，我們匆匆看過，也不好意思請安爸停車，最後連奧林帕斯山都「咻」地只瞄到一眼，果然非常舒馬赫。

出遊三天十分盡興，然而一行人中最開心的恐怕還是希臘舒馬赫，不但能盡情開車冶遊，還能與外地工作的女兒共處三天。話雖如此，卻是非常有趣的經驗，在這裡要深深感謝希臘舒馬赫！

照片是安潔莉姬的姊姊

路上遇到羊

「今天的大重點是我最喜歡的地方！」安潔莉姬興高采烈的說。

不過安潔莉姬這個人最喜歡的東西實在很多，這裡比較特別的是她做老屋修復的研究地。安潔莉姬是希波的學妹，同樣是研究建築的博士，做老屋復修是興趣。她另外一個興趣是韓劇，並且以為我是亞洲人對此應該瞭如指掌，偏偏我不太看連續劇，對2013年韓流居然已經風行到歐洲也一無所知。

「我很喜歡亞洲的事物，我覺得我上輩子是亞洲人。妳知道嗎，要是南斯拉夫人和愛沙尼亞人說話，我聽不出來他們從哪來的，但是如果聽人講中文、日文、韓文，我雖然一樣聽不懂，但是馬上可以分辨出來是哪個國家的人喲。」

「所以不只看韓劇？」

「不只，我也愛看日劇，但是韓劇的內容真

帕雷斯的特殊牆面

的很悲慘，兄妹相戀、生離死別，很像希臘神話，我超喜歡的。」

出於好奇，我問她看不看臺灣偶像劇。

「看過，不過……這樣問不好意思，可是我怎麼覺得劇情和演員對白……怎麼說呢？很simple。編劇沒在真實世界生活過的感覺。」安潔莉姬大約想了很久才把 stupid 換成比較好聽的 simple。

「喔，這是因為臺灣的生活比較緊張，看輕鬆的劇情比較舒解壓力的緣故。」為了面子我也只好胡扯起來。

「這樣嗎？真想當一次亞洲人。」

傾慕亞洲文化的希臘人，眷戀希臘風景的東方人，奇妙交織。**許多時候，遠行他方才會知道自己的家鄉也是別人的思慕**。正如居住新加坡後，才發現臺灣是許多新加坡人想旅遊的地方。

帕雷斯．潘提勒蒙娜斯（PalaiosPanteleimonas）（後簡稱帕雷斯）也像是個需要別人來證明自己的山村。位於東奧林帕斯，距離當地知名海灘6公里，每年夏季舉辦的國際盛事奧林帕斯慶典（Olympus Festiva）就在附近，地理上恰恰好沾了名氣的光環，卻因為在山上，觀光客少了些。

帕雷斯山村

顏色鮮豔的樹莓

毛栗

「這個山村還不有名時，我們常來，山路兩邊都是橡樹和栗子樹，還有就是草莓樹（arbutus），現在季節有點早，草莓樹果實應該還沒熟，不過可能還有沒被人撿走的栗子。」安潔莉姬一邊說，一邊指揮舒馬赫停車帶我們找找看。

果然只是路邊就看到遍地的栗子，不是外觀漂亮卻不能吃的馬栗，是貨真價實大顆的甜栗。粗硬的外殼上長滿了硬硬的刺。「啊，樹莓！」安潔莉姬找到了在樹上僅有的兩顆紅透的樹莓。我沒見過這個，圓形的果實只有草莓一半大，咬開裡面的果肉略有點橙色，沒有香氣，但比草莓甜許多。「這裡樹莓和栗子都很多，小時候時間一到我爸就會帶我們來採，隨便都能撿一袋。現在不行了。」她一臉惋惜。

說是山村，確實也在山上，不過沒有荒寂感，彎彎曲曲的路上走不多久就會看到人，悠閒地走走看看。居民也都穿著良好，氣質溫良，一

帕雷斯趣味的屋頂

個穿著帶點雅痞的中年人斜靠在矮牆上跟人聊天，隨手扔點什麼在路上，引來一群貓也悠哉悠哉地慢慢吃著。人很慵懶地聊天，貓也很慵懶地進食，路過的外地觀光客忍不住停下來拍照，貓和人都一副隨便你的樣子，天照聊，東西照吃。大體上來說是這種感覺的地方，非常舒服。

挑了村裡很大的餐廳喝希臘咖啡，這種濃稠甜膩的咖啡以前在維也納時也常喝，不過菜單上寫的都是土耳其咖啡，實際上是一樣的東西。我自己也煮過，用瓦斯爐可笑地煮著小小的金柄咖啡小壺，一次只能做一人份。舒馬赫很開心地拿起搭配的土耳其軟糖吃，看起來開車後很需要補充熱量。沒多久兩隻貓咪來到我們的桌下。

說到貓，希臘的貓真的相當多，依據觀光程度，貓的膩人程度也有所不同，一般來說越觀光的地方貓咪就越親人。之後的旅行陸陸續續看了很多希臘貓，不過帕雷斯的貓過得最悠哉，畢竟就算是最觀光的聖多里尼島上，貓也大多是躲著狗的，但是這裡的貓咪和狗相處得很好，時常在彎曲小路上錯身而過，從來也不會發生誰追誰咬的問題。我看到一隻奶貓在巨大的狗面前洗臉，狗蹭過去用鼻子頂頂牠，小貓也蹭回去；另一隻貓在路邊曬太陽，長毛狗走過去嗅嗅，也躺下來一起曬，氣氛非常祥和，簡直不可思議。

記得村上春樹在《遠方的鼓聲》裡提過，斯貝察島如果下暴雨，堆砌得很藝術感的漂亮石牆就會承受不住垮掉，不過希臘人不在意這個，垮了重新再砌就是了，不會因此改變。一路上這樣漂亮的石牆四處都是，不由請教起安潔莉姬，「哪有這種事，遇上大雨石牆就垮了，那雨一定非常大吧？這邊的石牆隨便都有百年的歷史唷，要是那麼容易就垮掉，希臘一年要被砸死的人會有多少啊！」

帕雷斯的貓與狗相處融洽

下山時從高處遠眺略帶薄霧的山路，非常美而寧靜。不過開車到半路迎面來了一群羊！羊？對，角很大，下顎有著長長鬍鬚的羊，灰的黑的白的黃的褐的，總數有百多隻以上，帶著臭氣迎面撲來。就算是真的舒馬赫本人在此，除了停下也別無他法，我們停了車，牧羊人舉著拐杖慢吞吞地在後方呼喝羊群，悠哉悠哉，他的後面停了準備上山的長長一排車。

就是這樣的地方，帕雷斯。如果能在這裡住上幾天應該會相當不錯。

在路上遇到羊群

人定勝天，半空中的修道院群

「如果可以，想去的地方還有梅特歐拉（Meteora）。」在安潔莉姬的父母家吃飯，討論該帶我們去哪裡看看時，不經意說了這句話。

我所知道的梅特歐拉，只有這是希臘中部的有名景點，修道士在此打造多間位於巖山頂上的修道院，彷若天空之城。梅特歐拉在希臘語中，就是漂浮半空的意思，所以可以想見那景色的特別。再來就是，這是極少數在聯合國教科文組織上名列自然與文化雙重世界遺產的地方，這種雙料王印象中全世界不超過三十個，特別以外，也很稀有。

不過是不是因此非常想去呢？這倒沒有。會說出這句話純粹是擔心如果關於希臘除了伯羅奔尼薩之外，只說得出小島，會讓主人家難過而已。簡單地說，也可以算是一種外交辭令（真的非常抱歉）。

「那有什麼問題！我們就去那裡！」舒馬赫非常高興地說。於是梅特歐拉便成為三天小旅行中，我們唯一非常明確知道的目的地。

拍板定下後，我們才發現從塞薩洛尼基開車到梅特歐拉來回要500公里！讓一位七十多歲的長者開車？真的可以嗎？而安潔莉姬則特別交代「因為比較遠，所以我們要早一點出發」，結果我和希波早上七點就已著裝完畢，在飯店等待，卻直到十點才收到通知，算起來比另兩天只早了半小時（笑）。

漫步在修道院的貓

梅特歐拉

目前梅特歐拉蓋在岩山上的修道院開放給人看的一共有六間，一天內要一一看完，完全不可能，實話說也沒必要。其實來到山腳下的小鎮，抬頭看到這塊平原裡一塊塊柱狀巨石聳立的奇景，就已經達到目的。這些從20到400公尺高的柱型巨石群圍繞住小鎮，即使沒有其上的修道院，本身就是令人讚嘆的景觀，難怪也能列名世界自然遺產。

到底為什麼會想爬到那石頭上居住修行呢？也許是想離天堂、神祇更近？也有可能當初爬上去的人就是《雨天炎天》中那些為了崇高真理而斬斷俗世慾望的苦行僧，因為種種原因無法抵達聖地亞陀斯半島（Athos）修行，只好就地登高，把自己困在半空中也說不定。不過根據記載，一開始登上這些巨岩的，是9世紀時的修士。他們並沒有建修道院，只是鑿開岩石，一個個分別獨自窩在自己鑿出的岩洞裡修行，行徑確實與亞陀斯半島上最刻苦的苦行僧相似。至於開始在這些巨大石頭上蓋修道院是14世紀的事，始於修士亞森納修思（Athanasios），他在高有600公尺的寬岩（Broad Rock）上蓋了第一座，也是目前觀光客最多的大梅特歐羅修道院（Great Meteoron）。有一就有二，加上土耳其的侵略和回教徒的迫害，越來越多修士為了能安靜清修躲避異教徒，就乾脆都往山上跑，巔峰時岩柱上的大小修道院有24座。

因為交通上不便，17世紀前不管是人或是貨物都要用繩索吊籃吊上，這麼麻煩果然從此沒有人來吵修士。事實上，現存的六座修道院，除了建在平原上的聖史黛芬（The Holy Monastery of St. Stephen）有被納粹胡整的紀錄，其他都不曾經歷戰火侵擾。雖然古有名言，人定勝天，但如果不是一次次如此看見確切的「成果」，實際能有多少時候會記得以此自我勉勵呢？

現在參觀修道院當然比從前方便很多，畢竟已經鑿出道路，走石梯就可以抵達，最長的也不

梅特歐拉蓋在岩山上的修道院

超過二百階，不算太麻煩。當然如果每個都想爬上去欣賞，恐怕就不算太輕鬆。我們最終挑了人最多的大梅特歐羅參觀，院內的景觀很好，不過不管怎麼說，以一個非教徒的遊客而言，沒有什麼比親眼看到岩柱群上聳立一間間修道院來的更震撼的景象。有沒有參觀修道院本身，反而是比較其次的事了。

因為梅特歐拉想到了《雨天炎天》一書，便好奇地詢問安潔莉姬關於亞陀斯半島的事，沒想到這就決定了隔天的旅程，雖然我們明明知道根本不可能真正的踏上亞陀斯。

科芙海灘

神所在的地方，雨天炎天

「我讀過一本書，書上說你們希臘有一個境內之國，在亞陀斯半島上，那個地方女人不能上去，是真的嗎？」

在希臘，梅特歐拉只能算是第二重要的東正教聖地，最重要的是位於亞陀斯半島的聖山亞陀斯山。據說聖母瑪莉亞和使徒約翰在前往賽普勒斯的路上曾在亞陀斯半島歇息過，大概覺得此地真好，便開口說：「此為聖地。」於是中世紀的教會就劃地為王，硬是把這裡劃歸為聖山。總之是聖母指示的聖地，於是這個聖山真的就在希臘被各種宗教的統治者占領過的情況下，始終維持高度自治。聖山不只是名號，它也是實質的神權之國，雖然在希臘境內，但完全不受希臘（或任何俗世）法律管轄，只服從東正教的教令。

要前往亞陀斯山是困難卻花費甚少的事，你必須先跟希臘外交部取得許可，而且這樣的許可證一天只核發20個，一個5元美金。官方會給你一張類似食宿通行證的卡，憑這張卡可以吃遍、住遍半島上的所有修道院，不用費一毛錢。

前往聖山必須在烏拉諾波里（Ouranopoli）搭船，到半島另一端的達夫尼（Dafni）下船，一天只有早上有一班，收費也不貴。不過打算前往的人要認清現實：一、不要以為這種地方沒人去，所以一定能排到，事實上這個規定只針對異教徒，東正教教徒不受此規範，換言之就是針對外國人。為免打擾到修士的寧靜，調查相當嚴格，純粹以觀光為目的不容易被放行。二、雖然不太需要花錢，但是，你也沒地方花錢。亞陀斯半島上沒有餐廳或旅館，連汽車都只有一輛公用，修道院是唯一供食宿的地方。如果沒在日落修道院關門的時間進入任何一間，那就準備餓肚子露宿吧，因為修道院門一旦關上就一定要到隔天日出才開，這是亞陀斯半島上行有千年的律法。雖然聽說2000年後有些修道院會指派修士管理餐廳和住宿，但是這些設施「還是」在修道院裡。請記住這是一個神的地方，**不管路多崎嶇，你都只能步行，多麼飢餓，也只能像修士那般一日食用無肉的兩餐。因為神要你勞其筋骨，免除世俗誘惑，才能超凡入聖。**

誘惑。食色性也，舉世皆然。強制性的簡單餐點和規律生活抑制了大多數的慾望，那麼性呢？東正教會將我們的古諺「不見所欲其心不亂」精髓學得十成，直接規定所有雌性生物不得入島，簡單粗暴。讓你都看不到，這樣你就不會亂想了吧？就這麼簡單。

身為女性，反正不能入島，我也就是隨口問問。不料，安潔莉姬馬上回答：「知道啊，亞陀斯嘛！我老爸是那邊修士的醫生，退休前固定一個月進島一次看看有沒有人生病，現在也常去，修士都認得他喔。」什麼！？

舒馬赫聽說我們知道亞陀斯也很興奮，一定要讓我們看一些從前他為修士們錄的影像。我是由《雨天炎天》這本書認識亞陀斯，書裡面的那個世界堅苦卓絕，感覺樸素聖潔。不過舒馬赫給我們看的片子裡，不管是修道院、禮拜堂或是講道的修士本身，都只能用「金碧輝煌」來形容。

「這是那邊最大最有錢的修道院，信眾的捐獻很豐厚，雖然的確不吃肉，生活也很規律，但此外修士的日子過得很不壞唷。苦行修士也有，但不住在修道院，或是只集中在一、兩間小修道院，不過大致上來說，亞陀斯山的修士們過得滿悠哉的，我都很想長住那邊呢。」舒馬赫這樣跟我們解釋。

「真的沒有女人混上島嗎？」

「混上島是不可能的，上船前乘客要經過檢查，這個檢查就是打開衣服看胸膛，怎麼可能讓女人混進去？不過是有女人自己划小船偷上島，好像是個美國人，想作研究的樣子。」

「然後呢？」

「被抓到就鞭打十來下，關一個晚上不給吃喝就趕出島了。」

「鞭打？合法嗎？」

「這是亞陀斯的律法，女人上島就是這樣處分，沒有人可以置喙唷。」

舒馬赫看我果然很有興趣的樣子，開口說：「嗯，雖然很可能走不到，但是我們明天可以往那個方向去看看，剛好跟過去兩天去的方向相反，妳們也可以看看不一樣的風景。」

就這樣我們往東向亞陀斯半島前進。不太在乎會不會抵達烏拉諾波里（因為去了其實也不能做什麼），純粹是朝一個夢想而去。亞陀斯半島所在的地區屬於哈爾基迪基區（Halkidiki），地形上由三個半島組成，眾所周知義大利的形狀像是踢入海的長靴，大概把那個乘三就是哈爾基迪基，像海神波賽頓的三叉戟般的三個半島。聖山所在的亞陀斯半島離我們最遠，喀山德拉半島（Kassandra）離我們最近。那裡據說是夜生活很多，海灘很美的地方，中間的昔索尼亞（Sithonia）半

哈爾基迪基區的度假海灘

島的自然風光最明媚，海灘也許在三者間最美麗天然。

我們在柯芙（koviou）海灘停下玩水。之後接連又停留不少海灘，每個都很美。如果是在宜人的夏季前來，哈爾基迪基應該遊客眾多，而且沿路除了海灘，大概還會看到許多白生生的肉在沙灘上炙烤，就是這種感覺的沙灘，看見了就想要脫光了做日光浴的標準沙灘。

除了海，路上還看到各種顏色的方型木箱，一字排開在草地上放著。「那是養蜜蜂的，這裡的蜂蜜很有名，蜜蜂採這裡的 Rosemary 的花做成的蜜非常香，妳們可以買一罐回去試試。」安潔莉姬說。我們不敢靠太近，但是很興奮地遠遠為我們初次看見的養蜂箱拍兩張照片，結果一路上這樣的木箱接連出現，感覺這裡的蜜蜂密度高得不得了，蜂蜜恐怕也真的很多。

此外也有很多羊，角捲起來、長毛的羊，就在路邊的山坡一小群一小群出現，屁股朝著人專心地啃著野草。一開始看見就拜託舒馬赫停車讓我們拍照，不過沒有多久就因為出現頻率太高而麻木了。拜託，又不是在紐西蘭。

1

2

3

1、2 到處都有羊
3 養蜂箱

總算踏上亞陀斯半島時已經黃昏，再過十幾分鐘就會天黑，什麼都看不到。我們在距離烏拉諾波里大約3公里的地方停車，因為肚子餓得受不了，這種時候完全不想管聖山。跟舒馬赫旅行的特色之一就是不用午餐，因為他們早餐吃得晚，午餐就喝杯咖啡或根本略過，傍晚才會找餐廳享用大餐。舒馬赫找的餐廳沒話說都非常美味，不管是在山裡面的餐廳，或是亞陀斯半島上找的海邊餐廳，都好吃得不像話。我們就坐在沙灘上吃飯，海上浮著仿古的大船，這是我第一次在沙灘上用餐，感覺非常特別。

烏拉諾波里是個屬於汙濁而卑微的我等俗世間的城鎮；另一方面，達夫尼則是個屬於由普遍性、清廉與信仰所支撐的神聖領域的城鎮。

村上春樹．《雨天炎天》頁8

雖然看不見，但是順著視線下去的那方，就是神聖領域的城鎮了。曾經去過澳洲荒漠上的艾爾斯岩（Ayers Rock）的我，想到那塊本為澳洲原住民的聖石，如今卻由著遊客隨意登高踐踏（剛巧，澳洲原民語為「烏魯魯」的艾爾斯岩是一塊男人禁入的女性聖地），**就覺得這個世界果然存在著各種不同的生存規則，也存在著各種規則的例外。**

唔，汙濁而卑微也無所謂吧？我一邊吃著柔軟多汁的章魚腳，一邊看著眼前愛琴海的如斯美景，再看桌下光腳踩著的細細的沙，忍不住這樣想。如果每天看見的都是這樣的景色，吃到的都是這樣新鮮的海味，過的都是這樣悠哉的日子，那麼不管是亞陀斯還是艾爾斯，東正教還是真理教，誰還在乎那個呢？

亞陀斯半島海邊的餐廳

雅典：擁抱不可思議的他鄉也是一種趣味

塞車、罷工與球賽

「我們要先還車了，先繞道去飯店放行李完全不可行！」希波的眉頭緊鎖，口氣厭惡，暴躁地狂按喇叭。車行規定還車時間是中午12點，我們時間充裕，路上還有閒情左彎右繞，不過事情有時候很難順利。

剛進入雅典市區，就隱隱有不祥感。一路車流太慢，越開就越不妙，等到十分確定時，我們已經穩穩妥妥地塞在中國城，動也不動地停了將近二十分鐘，距離車行所在地，大約還有六、七分鐘的車程，距離還車時間則還有半個鐘頭。我們從剛被迫停下，心情還很篤定一定來得及還車，而且還夠時間先到飯店卸行李的悠哉，不知不覺就變成如油煎一樣難熬。

「我怎麼不知道雅典的交通狀況有這麼糟糕！」希波完全不能接受。他本來是做事老要被我從後面催促的性格，不過碰到這種事，就會變得非常積極、神經緊張起來。這方面我跟希波剛好相反，大多看得很開，雖然平常急性子，不過對意外的寬容度大很多。**變數本來就存在任何時空，這種事情要抵擋也抵擋不了，並不是反抗就能把它化為無形**。所以還車晚了就罰錢，為了這個心情緊張何必呢？當然您若要說這就是認命我也沒辦法。希波則是完全不一樣的典型，平常是個拖拖拉拉的好脾氣先生，一碰到這種事就馬上進入備戰狀況，怎麼都要逆著幹，渾身帶刺。一般夫妻間小起口角時，通常都是我以壓倒性的分貝蓋過他的全部反對，可是這種時候就算了，跟蠻牛頂角是最沒用的事。

塞在中國城時，發生極端幸運的事，斜後方

有輛非常強勢的巴士，以不間斷的喇叭和超大體態不容拒絕地穿過車輛間隙，小客車、摩托車怕被撞上，只好很苦惱地硬往旁邊擠，就這樣如摩西分紅海般擠出一條通路。我雖然從《遠方的鼓聲》一書中讀過克里特島巴士司機的剽悍，不過那畢竟是克里特島，並沒有想到這個標準放到雅典也能成立。平常駕駛技術說不上多優良的希波居然發出超常水準，秒速跟上巴士尾巴，一路靠著「大樹好乘涼」的狐假虎威之法，居然順利穿過塞車區，在11點59分抵達車行門口，免除罰款命運。所以說這種時候我不跟希波吵，因為意外變數確實存在於任何時空啊（笑）。

雅典

1 雅典衛城的海羅德司阿提卡斯音樂廳
2 帕德嫩神廟

上計程車前往飯店時順口問司機塞車的事。

「不用擔心，我們不會碰上塞車。」中年司機滿不在乎地說，「那是某某工會在罷工遊行啦，遊行路線不在我們這面，不會碰上塞車的。」

「為什麼罷工？」

司機先生回答「誰知道啊？反正罷工、抗議、遊行這種事，幾乎每個星期都有，一個個都搞得清楚正事都不用做了！」

為了這個，離開雅典那天，因為怕搭機遲到，特別在預約車輛時跟飯店櫃檯女士確認，今天有沒有罷工？抗議活動？遊行？「沒有啦，這種時候不可能的。」沒有就好，一時忘了問為什麼「這種時候」不可能。結果壞運又來了。

「你們是第二次來雅典啊？什麼？上一次是二十年前？這樣你們都幾歲了？看起來比我年輕啊？」大約二十八、九歲的年輕司機一路嘰嘰喳喳沒完沒了。他大聲抱怨希臘的就業率低落，景氣差勁，「我幹這個計程車司機只是權宜之計，也不是我的專科，不過做專科賺不了錢喔。妳看，我光房租一個月380歐，一個月生活費加總最少也要600歐才夠用，這裡大學生畢業的月薪不過450歐，我要存錢到哪年才能結婚啊？不過，我女朋友到比利時工作，月入4500歐。我準備也過去找工作，這種薪水在希臘根本不可能。」

我們對於希臘薪資沒有概念，但是450歐一個月也太慘了一點，差不多是臺灣被抱怨得要命的22k水準，物價卻比臺灣昂貴。不過，可憐歸可憐，我們的注意力被突然出現的大批警力吸引，每個街角都出現荷槍警察，馬路上則陸續出現警車和警用摩托車車隊，路況越來越差。

「不是說沒有遊行或抗議嗎？難道有政府要員經過。如果是，排場真大！難道是總理？」

「喔，不是啦！」年輕司機笑笑地說，「今天有球賽。」

聽說過英國的球迷很瘋狂，沒聽說過希臘也如此。球賽跟警力全副武裝有什麼關係？

希臘首都雅典

「因為幾年前死過人啊，而且今年也有風聲要殺了某某球員。沒辦法，我們雅典隊跟港口（比雷艾夫斯港）隊是世仇，兩隊只要開打球迷都很瘋狂，不過很精采。我以前去球場看過，吵起來真的很激烈，球賽也好看，不過今天不能看現場了，我要去酒吧看。」

「為什麼不能看現場？因為送我們去機場來不及嗎？」我問了司機。

「不不不，今年是港口隊來雅典比，警察怕港口隊球員死在雅典，剛好這次球場是在港口隊粉絲俱樂部對面，乾脆規定只有粉絲俱樂部的人才能進去看，都是港口隊球迷看球賽的話比較安全。雅典隊反正是地主，才不怕這個。」

法國哲學家亨利．柏格森（Henri Bergson）説過，秩序是主客觀之間的一致，是在事物中發現自我的精神。也有另一句名言：秩序從混亂產生。然而雅典的混亂已經是市民日常，生活跟混亂彷彿可以調適良好，從中生不出秩序。身為旁觀者可以一笑置之，但若處在其中，沒有希臘人的樂天知命恐怕不行呢。

雅典一角

尋找生髮肥皂

Celine：你還記得你的初戀是誰嗎？

Jesse：當然，就是妳啊。

Celine：Okay.Fine. 我是你第一個愛上的女人？

Jesse：對。妳是第一個我覺得心意相通的人。

《愛在午夜希臘時》

遠在我和希波互不相識時，曾在某年參加同一個希埃羅古文明之旅的救國團行程而來到雅典。我參加夏季團，希波參加冬季團。這件事直到要來希臘旅行前，提到雅典才發現。

因為都不是第一次來，雅典的主要景點我們都已經看過，所想念的不過是具有標的性的幾處回憶之地，然後再看看一點新地方，如此而已。因此計畫不多，僅有一個明確目的。

衛城在希臘語意中，代表的是「建在高處的城邦」，這樣的城邦多用在抵禦外侮和宗教殿堂上，因此幾乎每一個重要城市都有。雅典衛城與其說是城邦，不如說是建築群，是4、5世紀雅典的政教中心地。也是外侮，比如多利安人或鄂圖曼人的必攻之地。跟之前在伯羅奔尼薩看過的許多遺跡比起來尚稱完整，但可想見也是凋零一片。最大的差異是人真的很多，尤其是亞洲遊客。這樣說不好意思，但在伯羅奔尼薩時幾乎沒有見過亞洲來的觀光客，全都是安靜看著遺跡，連相機都不太拿出來的歐洲人，即使難得夾雜一、兩個小孩，小孩也都很安靜，連踢踢碎石頭這種事都不做。當然這樣可以好好參觀，不過氣息靜謐到可以冥想，我想多少有點不正常。

雅典少女門廊伊瑞克提翁神殿

雅典衛城就完全不是這回事，孩子變得很活潑，在階梯上跳上跳下，各國的觀光客都有，相機使用度也很頻繁。「麻煩幫我拍一張。」的對話十分鐘內可以聽到好幾次，中國來的朋友大聲品評「斷垣殘壁」的聲音（都破成這樣有什麼好看，不如看長城！）則出乎意外的親切。總算像個觀光景點了。

「我記得那次參加救國團，一團裡的人戀愛談來談去，有一個女生倒追男生好辛苦。妳知道，就是妳那個國中同學。」

「那你呢？有沒有看上誰或是被誰追？」

「真可惜並沒有，」希波聳聳肩「妳們那團呢？」

「Well，好像有兩、三對情侶，剩下的都玩在一起，我沒太注意。」

「我想起來了，那次妳是跟大學男友一起來的。」希波酸酸地說。然後在衛城上默默吃二十年陳年的醋。

衛城之上最主要的建築是帕德嫩神廟。稍微岔題一下，您也許不知道，有座按照原尺寸復刻的帕德嫩神廟，不僅外觀相同，連傳說中供奉的高達10公尺的雅典娜神像，都建在復刻神殿殿內，而這個複製品，卻被建立在跟希臘一點關係都沒有的美國田納西州首府那什維爾市。建立之因是因為那什維爾市民自認是美國中部的哈佛，為了彰顯學術氣息與地位，特別將西方文明象徵帕德嫩神廟複製建成。建立至今已一百多年。我因為種種原因去過幾次那什維爾，也看過在市立公園的神廟。如果您有興趣，卻找不到機會去田納西，也可以在電影《波希傑克森─閃電之賊》裡看到這個場景。

看了新建的衛城博物館，在樓頂的雅座邊喝雷濟那邊欣賞衛城。按照旅遊書找到市區內的小餐廳，跟其他看旅遊指南來的觀光客擠著吃烤鮮魚。在憲法廣場拍了交接衛兵的照片。在布拉卡挑中意的餐廳吃飯。最後跳上在納普良沒有搭乘的觀光小火車遊覽普拉卡，小火車穿越窄巷，旁邊是在露天座用餐的人們或市集小販。間距之窄，我只要伸長手就可以端走別人桌上的酒或洗劫小販一番。

做完種種體驗後，希波可憐地說「現在我們可以去買那個了吧？」

《在地球的步方－希臘愛琴海》這本旅遊指南裡的購物篇中，提到了一個我在其他地方沒有讀到的希臘「名產」——「生髮肥皂」。

希波有頭髮不濃密的困擾。本人的說法是他住歐洲太久，長期每天用硬水洗髮的結果。雖然身為伴侶的我不以為意，但本人不然。從進入雅典的第一天就念著要找神奇肥皂，並信誓旦旦地覺得日文翻譯的指南可信度高，又是讀者投書介紹，一定有用。**擁有希**

雅典衛兵交接

望是人生最大的幸福。於是懷抱幸福的希波就一直在希臘尋覓落髮救星。

名為「AMALTHIA」的肥皂包裝說明上寫了是用克里特島的橄欖油和野生洋蔥做的，所以並不香，但也沒有異味，是專門針對掉髮、頭皮屑和乾燥皮膚使用。如果是為了頭髮問題就把頭髮打溼了後抹在頭皮上，搓出泡沫後留置一分鐘後沖去，不能再潤絲。外觀頗似水晶肥皂，這款肥皂並不好買，而且相當貴，一塊要價12歐，不知道除了橄欖油和洋蔥之外還放了什麼？畢竟買一般的橄欖油香皂不過1、2歐元的事。

純就旁觀者來說，希波使用肥皂後後頭髮好像是多了一點，但本人非常滿意。2016年重返希臘時就裝了半箱回來，至今仍然使用中。如果您有這種困擾，或許也可以一試。

雅典城市一隅

一日觀光船的殺價事件

在雅典，所謂的一日觀光船，主要指的是船遊雅典所在的阿提卡半島和伯羅奔尼薩半島之間的薩羅尼克灣（Sardonic Gulf）。灣上有幾個小島，輪船主要以其中的愛琴娜島（Aegina）、波羅斯島（Poros）和伊德拉島（Hydra）為行程。是雅典出發的招牌行程，一年四季都有，是最實惠遊愛琴海的方式。旅遊書上說此行程花費約為95歐元，旺季貴一點，費用含接送和午餐。

在飯店詢價，答覆不令人滿意。我和希波就找了當地旅行社，直接到店裡去。

「110歐。」憲法廣場附近一間小小破破貼滿廣告單的旅行社裡陰鬱的胖女人這樣說，報價比飯店便宜5歐。

「那不就這樣吧？」我小聲跟希波商量，「已經便宜了。」

「不要開玩笑，這是旺季的價格吧？現在都要十一月了。」希波不肯放棄，他還記得旅遊書裡的參考價是95歐元，繼續跟冷淡的陰鬱女人談判。

「別的旅行社報價都沒這麼貴，85歐吧？」拉扯一番後，希波還是開了比期盼低的價錢好談價。陰鬱女人想了想，跌破眼鏡地給了一個我在殺價市場中看到的唯一一次異常現象。

「那75歐可以吧？你寫下你住的飯店，明早七點半司機會去接。」

「75歐？」希波驚呆一下，「是同個行程嗎？」他指指單子。胖女人點點頭，希波立刻反應過來掏出信用卡付錢。

「喂，沒有問題吧？」我也為這莫名其妙的轉折呆了一下，「她該不是聽錯數字了？」談判的過程才兩、三分鐘，應該不至於被磨到受不了，總不是對方急著想下班，即使如此也不用降價求售啊？我看看四周，這間小店怎麼看都很破舊，我們不會上當吧？

左巴與伊德拉港

不過就這樣了。隔天司機準時來接，船很舒服，乘客也不多，船上準備的午餐簡單美味，確確實實去了三個島，也好好把我們送回雅典皮瑞斯港。

所以到底為什麼會冒出這個價格呢？到底為什麼呢？

沒有車的伊德拉

抵達伊德拉時陽光非常強烈，第一眼的海島形象是耀眼的白。不過坐下來細看後才發覺，港口一帶的房子多半是棕紅的屋頂，只有牆壁多半塗成白色，偶爾有幾扇漆成藍色的木窗，光禿禿的山石相當多，少有綠意，港口的房子形成半圓形擁抱港灣，屋宇之間小路蜿蜒向上，感覺脫離了港口就沒有平地。

事實上也是如此。伊德拉島禁行汽機車，不禁止腳踏車，但是一輛腳踏車都看不到，原因無他，就是因為島上地形起伏，階梯無數，如果要騎腳踏車那不如走路。主要的交通工具是驢，驢隊、馬匹和水上計程船就是伊德拉的運輸動脈。光在港口就能看到一隊隊驢子正在載貨或休息，奇妙的是那麼多驢子卻一點異味都沒有，路上也還算乾淨。每隊驢子都有一到兩個左巴似的人物領頭，或側坐在驢背上，或正在緊緊驢背上的貨物，一時沒有正事要做的左巴們就聚在一起聊天，就占著港口餐廳桌椅閒談，不點東西，店家也不趕。隨意在小路走，階梯大把大把四處都是，偶爾見到擺著手工藝品的小店，東西都不壞，價格也不低。小路碰上的驢隊很辛苦地背著看起來頗有重量的貨品，這時左巴們也擺出「工作實在辛苦」的樣貌，雖然他們騎在驢背上，也沒有負重物。

偶爾會有馬匹經過。牽馬的人多半比較年輕，也不像勞動者狀的左巴形態希臘人。馬不太背貨物，最多放了像是文件袋的袋子，感覺上比驢子的命運好一些。

伊德拉的港口

因為驢馬是主要交通工具，也有人家自己養著，平日就栓在家門口的大樹下或在外牆上釘了栓馬釘，將驢馬的韁繩掛在這裡。這種驢子看起來就很輕鬆，沒有驢隊的驢子那種苦哈哈的表情。非常透藍的海水、和岩石白沙交雜的美麗沙灘和驢子，應該是許多希臘小島的特色。伊德拉專屬的表徵應該是藝術家之島。

栓在自家門外的驢子

這個島因為土地貧瘠，本來沒人居住。據說小島開始發展的原因是16世紀時有批阿爾巴尼亞難民逃來島上當海盜維生，小島就此富裕起來，也發展出強大的海上艦隊，還曾在拿破崙戰爭中趁亂壟斷地中海的海運，真是術有專精。不過如今這裡因為美麗的景觀成為藝術家們熱愛的島，島上聚集了各種藝術工作者，在美麗櫥窗中展售作品。如今還保有海盜行徑的只剩下鴿子。

是的，鴿子。

這裡的鴿子大約是我見過最強盜的鴿子（雖然不值得誇耀，不過我的確見識過不少地方的各種鴿子）。身為鴿子仗著驚人眼力和飛翔技巧，難免會出一些劫掠人類食物的惡棍，不過大膽到像伊德拉島的鴿子凶狠搶人手中的食物還真不多見（被搶的人並沒有要餵鴿子的意思）。因為搶食事故頻繁發生，導致坐在露天咖啡座的客人在輕鬆間略顯緊張，擔心鴿子落下來搶劫。有人乾脆撥出一部分食物扔地上，擺明「留下買路財」

來保有用餐安寧，也有人直接拿帽子、餐巾遮住食物，希望用「眼不見為淨」這招欺敵。

我因為只點了咖啡，所以並不擔心。總沒有想喝酒或咖啡的鴿子吧？不過**意外變數本來就存在任何時空**，所以鴿子來了。不知道把我的咖啡當成了什麼，直接降落在卡布奇諾裡，嚇壞了牠自己也嚇呆了我。看著一隻鴿子以迅捷無比的速度在桌上翻滾兩圈後飛走，剛端上一口都沒喝的咖啡完全送給桌子品嘗，前後不超過兩秒。

送上咖啡的侍者正在收隔桌客人的杯盤，跟我一樣看呆了。之後聳聳肩，一臉「這是天災真是沒辦法」的表情又端上一杯新的給我。真是好人。

白得耀眼、藝術品很多、沒有車只有驢、鴿子很強盜，而且驢子的 dropping 會莫名消失，這些加總起來，就是伊德拉島了。

伊德拉島的強盜鴿子

伊德拉的風貌

非常小的波羅斯

輪船在伊德拉島和波羅斯島間開始供應午餐。雖然是自助式午餐，不過用得都是地中海當地食材，簡單美味。用餐完大多乘客爬上頂層的甲板曬太陽，躺在郵輪頂層放置的巨大懶骨頭上，舒適地吹著頗有寒意的愛琴海風。如果坐在椅子上吹大概受不了，躺在比一般躺椅還要低一點的懶骨頭上，風被船舷遮擋大半，地中海的驕陽暖暖灑在身上，真是非常舒服。我拿圍巾遮住臉，享受起難得的日光浴。對面一家父子幾人橫七豎八躺在超大懶骨頭上，入睡深沉，大概正在做美好的地中海之夢。

就在這樣慵懶的氣息中，我們抵達了波羅斯。

光從海面上看，就能感覺這個島十

旅遊淡季的波羅斯島

港口的小船

遊船上的餐飲

分小，事實上也是。這個島的面積總共只有23平方公里，居民約4000人，以非無人島來說，實在很迷你（人數更少的伊德拉面積也比波羅斯大）。不過，這樣小的波羅斯島其實並不是「一個」島，而是由卡拉夫里亞（Karavria）和斯費里亞（Sferia）兩個小島組成，從地圖看可以看到兩個小島的形狀像某種先天畸形的鳥展翅起飛之際的模樣，尾羽的部分短得不成比例，那塊尾羽部分就是斯費里亞島，與大很多的卡拉夫里亞之間有一條極細的水道分隔，之間有橋梁通過。從海面上看過去，感覺這小島要比伊德拉的土地富饒一些，山石不多，樹林不少，一片蔥蔥綠綠。1828年英、法、俄三國使節在此商討希臘的未來，大概是進入現代後這個小島最閃亮的時段，不過為什麼要挑這個地方呢。

旅遊書上說波羅斯島最受攝影師們的青睞，說這裡滿布著青翠的檸檬樹和橄欖樹，如果五月來，可以聞到撲鼻的檸檬花香。不過這些我們都沒有感受到，畢竟十一月了，沒有花，港口蕭條。因為島很小，船停在這裡的時間也短。如果拼一點大概夠走上島上最高處的鐘樓，可以遠眺從這裡搭船只要三分鐘的伯羅奔尼薩。我們剛從氣息慵懶的船上下來，並不想拼命去做什麼，最後只在港口區散步一圈。

波羅斯的港口有三間咖啡店，大概就是這座島上全部的咖啡館。有賣商品給觀光客的商店，其他還有兩間雜貨舖，三、四個出租給遊客的房間招牌，再有一座小廣場。雖然房子大概也都漆成白牆棕紅頂，但總有一種灰濛濛的感覺。

波羅斯是一口天然良港，旅遊旺季時常有大型遊輪停靠，即使是現在清淡的季節，也還能看見幾艘停在港口。雖然是有點無聊的小島，小到不特別想探索什麼，不過好在愛琴海並不偏私，從哪個島上看都很美。

靜靜地坐看海天光影變換，旅行的時光能這樣也很不壞。

波羅斯的街道

小巧的波羅斯島

愛琴娜島

充滿開心果的愛琴娜

第一眼印象的愛琴娜，無疑不像美麗的希臘小島，顏色不統一，房子也建得隨便。不過愛琴娜是三小島中人口最多（有一萬四千多人）、商業往來最頻繁的島，離雅典很近，可以說是當地人周末度假處。換言之，這是三小島中最有生活味的島，那麼外觀上世俗一點也就可以理解。

港口邊的淺灘很漂亮，幾乎所有的店鋪都賣開心果。船上的工作人員在下船前提醒，愛琴娜以盛產開心果聞名，島上的開心果比較小，但很香。我喜歡吃開心果，不過在港口最大的幾間雜貨鋪擺了一地的開心果，密密麻麻地，有點可怖。因為是產地，除了數量壓倒性地龐大，處理上也不太精美。一大包、一大包的開心果，外袋沾滿灰塵，不知道放了多久，讓人看了一時也提不起興趣。

愛琴娜島名字來自河神阿斯波斯（Asopos）最美麗的女兒。跟眾多希臘神話故事的版本一樣，這個河神女兒被宙斯看中而成為宙斯的情婦之一，被搶到一個小島，這個小島就是愛琴娜了。也如同其他希臘神話故事，宙斯以善嫉出名的妻子希拉遷怒之下降下瘟疫，把島上居民害死大半。為什麼因為情敵就要把不相干的人民害死呢？希臘神話時常出現種種不合理的事，比如眾神間愛恨情仇的隨意遷怒，或是眾神再怎麼無理取鬧，都能換得信眾的一心敬仰。**愛情和信仰終究是人世間最使人盲目的事，偏偏沒有人也活不下去。**總之因為這個，島上有愛琴娜女神殿和宙斯神殿，存在時間大約與衛城的帕德嫩不相上下了。

港口有幾種配合觀光的交通工具，如果想看遺跡，因為比較遠，要搭巴士，如果是參加一天三小島的遊船，那麼除非船上有另外包套的陸上行程，否則時間上來不及。若想深入愛琴娜市區，可以搭觀光馬車，一趟15歐。不過我們的目光被一字排開的沙灘車吸引，最後兩個人瀟灑地

在愛琴娜島騎沙灘車

騎著模樣有點滑稽的沙灘車往東駛去。

我們沿路迎風騎去，一路看到的都是相當數量的豪宅或美麗小巧的屋宇，右邊則是稀疏的防風林，隔著樹木，可以看見愛琴海平穩的海面。我們一邊討論住在這裡的人何其幸運，一邊覺得冬天的地中海海象可能不太妙。

騎到一處窄林停下，那是從馬路上就能看見岔路的地方。岔路往下是階梯，順著走可以走上一處窄小的水泥碼頭，大約只能停遊艇。從水泥碼頭上直接能跳進清透的愛琴海，我們坐下來把雙腳泡進海水裡，身後是防風林木，眼前是夕陽餘暉。

愛琴娜島

人生還有可能再次來愛琴娜嗎？我想沒有。**這種一生一次，或最後一次的事，不管我們願不願意，總是不斷發生。能做的，只有彷彿被說得很俗氣、卻實在是真理的老話：把握當下，然後不要後悔。**

所以等回到了港口邊，還是再去看看開心果吧。那麼多各種包裝的開心果、堆到滿出來的開心果、看到視覺疲勞的開心果……還有哪裡會再碰到呢？

愛琴娜島港口夕陽

愛琴娜的黃昏景色

到處有開心果

Part IV

走「不」尋常路，帶著孩子旅行

希俄斯島：發現真實的風景

多多君來了

「我覺得妳懷孕了。」在希臘旅行回來的第三天，希波說。

「咦？」

「晚了十天啊。」

因為非常積極想有個孩子，希波很早就下載記錄生理週期的APP，不過長途旅行後，生理期晚一點是常事，我不以為意。

然而，幾天之後，希波又說了「我覺得妳真的懷孕了，已經晚了二十天啊！」

果然。

於是就在「爸比媽早知道」的狀態下，我們迎來了多多君。我不免開始擔心在希臘時，日日不間斷地喝烏佐酒、葡萄酒、咖啡，然後每天爬上人家屋頂、幾百個石階幾百個石階地走，會不會對多多君不太妙？結果一點影響也沒有，多多君在媽媽肚子裡非常自在地旅行好幾趟，依舊以巨嬰樣貌安然出世，並受胎教影響變成迷你旅行咖。一時間，我們的生活發生3785公克的變化，所有的「計畫中」都暫時停止，所有的「正在計畫」則全被忘到九霄雲外。

希臘旅行等來了驚喜

《愛在午夜希臘時》裡 Celine 抱怨在懷孕生子碰上的問題，在我身上全都沒有發生。這倒不是因為我是 Celine 口中具有母性本能的人（women to have instinct that kicks in, like a female baboon），而是因為多多君善解人意，非常願意配合爸媽的任性和不得已。

於是爸爸出差而媽媽「旅行病」發作時，多多君就成為隨身行李，陪著去仙台、香港、臺北、檳城、墨爾本、東京、舊金山。剛剛兩歲多一點，爸爸要去歐洲出差了，多多君也就陪著爸爸去倫敦，又在爸爸去美國、德國出差期間，跟著媽媽在巴黎等一個月，好和爸爸在塞薩洛尼基會合，陪爸爸去學術會議、陪媽媽喝希臘咖啡，順便見自己的希臘教母安潔莉姬，做一趟不知道該算初次或「第二次」的希臘旅行。

跟著爸媽四處跑的多多君

淡季的海島

「喔！妳們到了！」管理飯店的女人嘰哩哇啦地在電話那頭解釋，她的飯店因為淡季而暫時關閉，但忘了在訂房網站設定，結果接到我們的訂單。總而言之，她不會在飯店，再來，我們是飯店唯一的住客。

安潔莉姬建議我們來希俄斯島旅遊，據說這個希臘第五大島有超美的沙灘，非常稀有的乳香脂，和一些稀奇古怪值得探訪的小鎮。於是我們訂了海邊飯店，正對海灘，冀望在淡季即將開始時享受到一點海灘餘暉，可是來到飯店後，我們找不到人，不管怎麼在屋前大喊，就是沒有人。沒有工作人員、沒有房客，一個人也沒有，回應的只有海浪聲和空寂的回音。

不得已打了電話，飯店女經理才急匆匆開車出現，給了我們鑰匙，順便告訴我們這間在路底的房子：「全部沒有人！」指點附近還有營業的餐廳。最後好心地告訴我們，需要時可以打電話給她。「I will take care of you, little cutie.」cutie說的是多多君。我懷疑這整句話的存在都是因為多多君的緣故。

搭乘螺旋槳小飛機抵達希俄斯

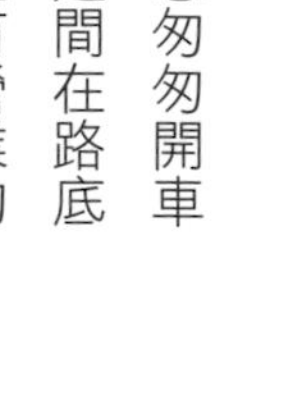

希俄斯島飯店前的海灘

夜色漸暗，我們開車在路燈若有似無的路上找到一間頗具規模的餐廳。「看起來不用擔心嘛。」希波說，不過走進餐廳就感覺不對。

「隨便坐。」一個陰鬱的男人對我們說。整間餐廳一片空蕩，說話稍微大聲就有回音，大概因為如此，陰鬱男人居然用靜音看電視，看別的節目也就算了，是在看球賽，沒有聲音的球賽，委實難以想像。

站在晚餐時間一個人也沒有的餐廳時，我們有強烈不祥預感。果然點菜時，不幸發生了。

「這個？沒有了……那個，也沒有。」陰鬱男人順手在脖頸處揮揮，好像所有的菜色都是斷頭菜，每樣都不賣，最後沒辦法，只好問他還有什麼。

「義大利麵，只有肉醬的，海鮮沒有。有沙拉，魚的話只有烤沙丁魚和馬力沙（酥炸小魚，是小館子才有的家常菜）。」

那麼很簡單了，多多君吃義大利麵，我們

吃沙拉和馬力沙，配啤酒。馬力沙還不壞，跟啤酒很搭，但是因為整條小魚一起炸，吃起來要連著魚骨一起咬，吃完一盤下顎很累。義大利麵相當糟糕，麵條煮得軟爛，不過因為吃的人是多多君，倒是剛好。當時我們還不知道，這是多多君在希俄斯的義大利麵首部曲，往後在希俄斯的餐廳吃飯，可憐的多多君除了偶爾能吃一點烤魚、喝一點濃湯，幾乎餐餐都是肉醬義大利麵。旅行過後有很長一段時間，多多君完全拒絕番茄醬調味的食物。如果您打算要帶兩歲三個月左右的小孩來希俄斯（或淡季的所有愛琴海小島），這一點請務必注意。

在對的時間做對的事，或許也能夠用在旅行上？所謂的季節性果然有其意義。

雖然是同樣的島嶼，但這個時間的希俄斯完全不是安潔莉姬在夏季前來時，擁滿觀光客的熱情島嶼。現在看到的，才應該是希俄斯島的真正風情吧？

只有我們一家三口的飯店

希俄斯島美麗的夕陽海景

拍貓的母子檔

黑白色的小鎮

「一定是因為海灘的關係，完全過了游泳的季節嘛，這種時候就算是再有名的海灘勝地也不會有人。Pyrgi 不一樣，那裏那麼特別，什麼季節去都不影響，我們去那裏至少吃喝不會是問題的！」一路上希波一邊開車，一邊信心滿滿地反覆說這個。

稍微小島概要。在希臘總數共三千多個島中，希俄斯島排名第五大，不過即使如此面積也不過是 840 平方公里，換算過來是三個臺北市的大小。這種面積只住了五萬人，主要還是因為多山，除了港口區和海灘，幾乎都是山陵地形。我們第一天入住的飯店是藍白建築，但實際上希俄斯跟聖多里尼完全不同，多半是棕紅屋頂蜂蜜色石牆，綠樹很多，海灘非常有名，算是能爬山下海的度假地。但更有名的特產乳香脂，以乳香脂為主題的旅遊包套很多。希俄斯也以完整的防禦性城堡、守望台、塔樓聞名，這些防禦工事之所以發達，一方面是為了保護珍貴的乳香脂，更因為十分接近土耳其而不得不採取的防備。攤開希俄斯的歷史，幾乎斑斑血淚。總之，如果是以一般「旅遊愛琴海小島」的心態來希俄斯，可能會大吃一驚。

沛爾基（Pyrgi）在希俄斯非常有名。在希俄斯幾乎所有稍微重要的城鎮都是軍事要地，沛爾基也不例外，是以教堂和守望塔為中心發展的城市。不過沛爾基的名氣跟這些無關，單純是因為此地建築的特色。希俄斯島上（或許全希臘）只有這個地方的人會在建築表面上塗上白漆，在漆未乾之時使用叉子刮出重複的幾何圖形。因為白漆之下是灰黑的泥水牆，於是就會刮出黑白刻繪的幾何圖，這樣的圖繪稱為「Xysta」。

沛爾基的黑白圖繪

在沛爾基幾乎每一間房子都有這樣的黑白圖案，也有是花紋而非幾何圖的，有些是屋主自己畫，也有請專門的工匠製作。這個傳統一直保持到現在，即使是城鎮外圍的新建築，也都有黑白圖繪，加油站、ATM，全部都有，非常特別。官方製作的《101 件在希俄斯必看必做的事》（101 Things To See & Do in Chios）書中沒有説明原因，但在紀念品店買一小塊縮小板 Xysta 掛飾時，店家笑咪咪的説花紋是祈福用的，用水潑過去花紋會更鮮明。因為對方父親就是專做 Xysta 的工匠，這個説法勉強算是得到認證。

姑且不管 Xysta 的原由，這個小鎮非常有味道。道路越往鎮中心越趨窄小，建築的歷史也越古老，不過新舊建築之間緊密融合，雖然是奇異的古鎮，也是沛爾基人的日常居所。到處可以看到居民坐在自宅門口和鄰居聊天，孩子在牆與轉角之間玩槍戰遊戲，還有很多人在門口掛著風乾的番茄串，紅色的番茄襯著黑白牆面非常搶眼。

門口掛著風乾番茄

因為希波的莫名自信，我們到沛爾基的時間是中午，完全打著在此用餐的主意。希波信心滿滿，認為絕對有餐廳營業。沛爾基中心的廣場餐廳叢聚，廣場占地很廣，周圍種了一圈樹，中央擺滿了陽傘桌椅，看著很像一回事，廣場有人坐著，餐廳也果然開著，一共三間餐廳營業。此時多多君的肚子正在革命，嗚嗚嗚地嗚得正響，這種時候就算軟爛義大利麵都好，我們都能接受。

「Drink only。」餐廳老闆說。

當我們興致高昂地準備進攻，敵軍卻唱起空城計，沒有什麼比這個更讓人生氣，特別這個空城沒有送來犒軍的牛羊酒食，而是空得乾乾淨淨，有的只有飲料。飲料而已！

「中午沒有做生意啊，我們晚上才營業，現在只是沒事開著店門跟人聊天而已。」餐廳主人理所當然地說。就算我心想「開門跟人聊天這是

貓與多多君

搞什麼嘛。」也沒辦法。

沒有東西吃大人可以忍，小孩卻不行。多多君一臉快哭出來的表情，好吧，我翻出包包裡的希臘餅乾帕帕得普洛，和餐廳主人要來一杯熱牛奶，把餅乾泡軟了給多多君吃。

車到山前自有路啊，當了母親後才知道，隨機應變是應付生活突發狀況的不二法門。

多多君開心穿梭在沛爾基

慢慢有當地人過來觀察多多君，一面嘰嘰喳喳，大概覺得小孩吃這樣也太可憐，拉著我們去一間小店買沾滿白糖的雞蛋餅。帶我們來的老先生坐到對面人家門口擺的椅子，跟原本坐在那裡的另個老人津津有味地看多多君吃起來。

因為是出乎意外很純樸的地方，我們後來又來了一次，拍照依舊好看，多多君也依然受到歡迎。如果來希俄斯島，請不要錯過沛爾基。

1 很受歡迎的多多君
2 多多君與 Xysta 的店家

都是因爲乳香脂

之前提過，希俄斯島是乳香脂（Mastiha）的著名產地。

乳香脂是什麼呢？據說聖經裡面提到的沒藥，就是乳香脂。它是樹脂的一種，從一種叫做乳香黃連木的樹木中產生。世界上有乳香黃連木的地方很多，地中海沿岸幾乎都有，東非和印度也都有產，並不算是珍稀物種。不過，會產生特殊香味的乳香黃連木，全世界只有希俄斯。東非和印度的乳香黃連木雖然也有香氣，但味道不同，品質也較差，因此乳香脂幾乎可以說是希俄斯的獨門產物，而且並不是全島都有，只有島的南邊的乳香黃連木才會產出乳香脂。

乳香脂博物館

至於為什麼全世界的乳香黃連木都沒有辦法產出希俄斯島南部的乳香黃連木的香氣呢？這至今無解。只能說這個乳香黃連木很任性，挑中了幸運的希俄斯。

世界上這樣幸運兒許多，彷彿沒有經過努力就享有果實。然而我們未必總能見到與光明伴隨而來的黑暗。

乳香黃連木雖然為希俄斯帶來巨大的財富，但也帶來了災禍和血淚。這種有香味的樹脂應用的範圍很廣，採收的歷史也達2500年，最早被貴族拿來當口香劑，咬咬可以滿齒生香，後來逐步使用在各種甜點和酒類上，更延展到護膚保養品中，為希俄斯島民帶來豐沛的財富。有一度希俄斯人是全希臘最富有的人民，原因就在此。

不過隨著財富而來的就是爭奪。希俄斯島的歷史發展基本上脫離不了乳香脂的你爭我搶，參與爭奪的計有土耳其、威尼斯、熱內亞等等，就算是小島上住民也曾冒出各種壟斷，為了保護乳香脂的運送，還特意把巷弄建得窄小，就是怕被搶奪。這點從如今保留完善的希俄斯諸古城就可以看出。

島上南端有座設計現代的乳香脂博物館，對這個有興趣的人不妨去看看。館中的影片詳細地記錄每年六月到九月，乳香脂收成季節時，農民是如何等待看起來晶瑩透亮的乳香脂從樹上像眼淚般流出，掉落在鋪好白陶土的地上凝結、硬化。硬化的乳香脂變成淡鵝黃晶體，這時就可以採收，將晶體洗乾淨後就可以做各種加工。

博物館裡也販售各種乳香脂做成的產品。大部分乳香脂餡料的餅乾，餡料的感覺都偏硬，有點像麥芽糖，蛋糕類的話特別甜香，也有做成口香糖的乳香脂。以個人喜好來說，乳香脂甜點酒的味道最能接受。

乳香脂的氣味十分特殊，不習慣的人恐怕受不了。至於乳香脂產品當然不是希俄斯專賣，嚴格說起來整個歐洲都買得到，最出名的連鎖店鋪是mastiha shop。依據個人經驗，乳香脂產品最好不要放置冰箱。蛋糕和酒以外的食品放在冰箱不多久就硬得不像話，不想跟牙齒過不去的話，還是不要嘗試比較好。

充滿現代感的乳香脂博物館

山居歲月

因為地形多山，希俄斯的山城非常有名。山區中最重要的觀光景點是新修道院（Neamoni），雖然叫新修道院，實際上建於西元11世紀，存在有千年。這裡結構完整，占地遼闊，筆直的樹木像衛兵立在建築群間。1990年時被收入世界文化遺產，大體屬於拜占庭風格。跟希俄斯島大部分的地方一樣，因為1822年的希臘獨立戰爭和1888年的大地震而有殘缺。在入口展示間放置了來自希俄斯大屠殺時受害者的骸骨。這場希臘獨立戰爭中發生的屠殺，是希俄斯慘痛的歷史。

當年獨立戰爭爆發，希俄斯島的領導者因為希俄斯島實在距離土耳其太近（離土耳其坐船十分鐘），加上島上居民生活富裕，並沒有跳入獨立戰爭攪和的意思。然而悲劇自己上門，當年從別的地方來的幾百個希臘人悄悄登陸希俄斯展開對土耳其人的襲擊，逼使島民捲入鬥爭。鄂圖曼

希俄斯島的新修道院

希俄斯島的新修道院

帝國心想你在我眼皮子底下還敢這樣亂動，未免太不識相。立刻下令軍隊對島上的嬰兒、男孩、所有男性和四十歲以上女性展開屠殺，想活下去除非成為穆斯林。據說當時希俄斯島有十二萬島民，其中的六分之五因此遭到驅逐、殺害或奴役，約兩萬人死亡。

島上山城的第二次災禍是1888年的大地震。震度約為6.5級。以現在來看也算強震，對當時的建築來說更是要命。地震破壞了島上大部分建築，也造成重大傷亡，有報告指出死亡人數在六千到一萬間。有許多重要山城因此被遺棄，變成山中孤島。

我們帶著對希俄斯的基本認知將觸角從海濱移到山城，之後連續在山城中居住多日。

一個只有兩間餐廳的山村

第一個山城居所在阿吉歐斯‧喬歐瑞吉斯‧聖喬治（ÁgiosGeórgiosSt. George），是傳統住所，在Booking.com 招租，被網站歸類為四星旅店。從照片上看房子非常美，雖然不可能跟彼得梅爾在普羅旺斯的房舍比闊，但有點《山居歲月》的味道。

開車到地名實在很長的阿吉歐斯‧喬歐瑞吉斯‧聖喬治時（簡稱阿喬），車子已經上上下下爬坡很久。我們停下來問路。十月底的希俄斯海邊雖然沒有人，但在海邊賺觀光客錢的人卻都回到山裡的家，鎮上還是有點人氣。

我們攔下了一位有點年紀的先生，他對「這裡有旅館嗎？」這件事充滿懷疑。不過確認了我們的地址沒錯。

「你們該不是被騙吧？這個地址開車不能過去，我找我女兒來幫妳們好了。」於是打電話叫了女兒過來。年紀跟我們差不多的女兒很快就開車來了（這樣說不好意思，但實在也很閒），看了住房資料後馬上說「這個我知道，我朋友的房子嘛！」轉頭跟她爸解釋，一邊幫我們打電話給她朋友。從這點上來說希俄斯人普遍英語程度不錯，果然是發觀光財的地方。

多多君耐不住等待，自己走進街邊小飲食店。店中間放了小孩子玩的三輪車。多多君不怕生，自己就走進去跟三輪車的主人小女孩以幼兒方式交涉，不一會就開心地在店裡騎車轉圈。帶著孩子旅行很容易就發現藏在各地的善意，自己的心也會因此柔軟。兩個孩子不在乎能不能溝通地玩起來，小店的客人也親切地招呼。「店開到很晚喔，可以來這邊吃飯。」

迅速與阿喬居民打成一片的多多君

我抬頭看，這家店只供應三明治和咖啡。

我們訂下的房子是阿喬唯一有攬客的住所，一間單純民居，改建得很漂亮，完全翻修當地傳統建築。主人夫婦是對藝術家，住在鎮上的另一頭。

「我們暫時不需要多出來的這間房子，乾脆做成出租小屋，沒想到生意還不錯喔。」先生克利亞曼內基這樣說，一面指點我們在小鎮上兩間可以去覓食的店家，「一是我們剛剛接你們的那間店，另外一間餐廳在廣場上，比較正式（結果也只賣希臘串烤）。」

然後沒有了，包含咖啡館在內，這個鎮上就這兩間可以外食的地方。

就這樣，我們在只有兩間餐廳和一座景點教堂的村子租住了美麗的傳統房舍，在所有人都知道我們的情形下悠閒地住了幾天。

我們在阿喬的住所

三隻貓、兩條狗、一個人

安納佛托（Anavotas）是離阿喬很近的一個景點。我指著官方指南書《101件在希俄斯必看必做的事》裡安納佛托的照片給克利亞曼內基看。「那裏很特別，可以去看。不過應該沒有餐廳在那。」他說。

我們對希俄斯島上有名景點通常沒有餐廳這件事已經不感到奇怪，沒餐廳就沒餐廳，我們去別的地方吃可以吧？（這個地方是指希俄斯鎮，全島唯一全年都熱鬧的地方）

於是開車往安納佛托，在左彎右拐松林掩映的山路上，一轉彎就看到這座令人一眼傾倒的城。

立在峭壁上的安納佛托

立在峭壁上的安納佛托

如同所有希俄斯島的重鎮，安納佛托也是一個因為防禦而出現的城池。它所建立的地方是周圍山丘間的最高點，矗立在山頭，完全立在峭壁上，非常顯眼。從官方指南書簡短的介紹裡看，這座海拔 450 公尺高的山城建立於11世紀，有一說是貿易商人在興建新修道院的同時建立了這座居地，不過從地理位置與建造方式來看，更多人相信這是一座完全為了防禦而建立的山城。

安納佛托周遭景色美得像畫，十分寧靜。往上爬有點風化的石階，向下看是翠綠色的希俄斯。周遭的小屋林立，以一種樂高的方式堆疊，建築的樣式和顏色感覺有一點像馬祖的北竿，陽光很強，略有風，安靜得有點怪異。一路走來看到兩條沒有精神的狗，偶在石塊間或樹叢裡發現貓咪的某個部分露出，至於人呢？一個也沒有。

「覺得這些房子有人住嗎？」

「看起來不像，可是門是新上油漆的，花草也種得很整齊，牆上還有電錶。也許出門上班了？」

安納佛托與其他小鎮最不一樣的地方就是沒有市集地帶，房子挨著房子，小徑又是碎石又是陡坡，唯一一處平地是教堂廣場，很小，大概站上三十個人就會滿。不要說餐廳，連一家店都沒有。我們在最底處的房子上看到招牌掛著The house of art，不過順著箭頭走去，只看到新上過厚厚一層油漆的木門緊緊閉者，攀爬在壁上的九重葛像失火般囂張地豔紅著，窗上蒙著灰。

很詭異。

一直神龍見首不見尾的貓跑了出來，盯著我們直直地瞧，看累了就舔一下毛。總共三隻，各自坐在不同地方，遠處終於傳來一點聲響，是狗吠聲，不知道是不是方才看見的那兩隻狗。希波一個人往上面爬去查探，不一會下來說，什麼都沒有。烈日下我們感覺到一股陰森。「走了吧？」我說。

不見人影只有貓狗的安納佛托

走回教堂廣場，遠遠看到似乎有老人的身形緩緩走過。我們急著想衝上去確認，到廣場時卻連影子都不見。四周所有房子，包含教堂在內，門窗全部是鎖上的。

我想起《愛在午夜希臘時》Celine 和朋友 Natalia 說，這個地方（希臘）有千年的悲劇和神話，她總覺得有什麼可怕的事會發生，怕哪裡有怪物跳出來吞了她的小孩。

「走了！」我們以最快速度回到車子，一直到離開，都還覺得寒毛豎起。

查資料才發現安納佛托在希俄斯大屠殺時人口銳減，大地震後，人們又紛紛搬離此地（親身看過地形就會知道，住在這邊的人經歷過地震會搬走一點都不奇怪），嚴格說起來，1888 年開始，安納佛托就是一座被遺棄的城。現在雖然有四百戶民居，但大部分閒置，只有夏日，專做觀光客生意的人，才會短暫地回來。

淡季的安納佛托彷彿以一種悲涼的姿態呈現出最真實、沒有經過裝扮的一面給我們，提醒我們自己人生的幸福與快樂……我在車上緊緊抱著多多君，輕輕地這樣想著。

寧靜得有點怪異

超觀光山城

第二個短住的山城，是與阿喬截然不同的美斯達（Mesta）。

美斯達非常有名，只要是希俄斯島的旅遊資訊就一定會提到它。不過即使如此，一路走來經驗太多，我們並沒有因此認為美斯達就是多麼繁華觀光地。老實說，我擅自把美斯達想像成安納佛托和阿喬的綜合體，一個有點人氣的觀光點，如此而已。「除了希俄斯鎮，希俄斯島絕不會有什麼像樣的觀光之地」，這個念頭已經深深深深地刻上我們心頭，恐怕不容易打破。

不過抵達美斯達時嚇了一跳。

遊覽車、人、小攤販，這觀光三元素居然齊備美斯達，而且有餐廳！我們幾乎是立刻把車停在城的外圍，抱著先看到就趕快停下來吃飯的原則（誰知道下間餐廳在哪），搶先進入路邊的餐館。這間餐廳總算不昏暗，廚房端得出來的選擇超過十五種，有乾淨的桌布，我們總算可以好好坐下來吃飯。

美斯達全城都是國家保護的古蹟區，車輛不可以進入。而我們便是住在這古意盎然的中世紀古城。美斯達保存完整，從構造上來看，防禦性以外，同時也兼具庶民生活的功能。大概是為防盜和抵禦土耳其人，城牆堅實，城內房舍幾乎沒有朝外窗戶，偶爾在二樓以上開扇窗，也都小得跟鼠洞似的，門窗無一例外地都開在城內，進出美斯達也只能靠固定的幾條路。

城內的道路造得非常狹窄，大約只能容兩匹馬交會。這種寬度就算不規定，車輛也進不來。因為路窄，建築和建築間距非常近，抬頭難以看見天空。如果住在這樣的中世紀住處，雖然很有意思，但屋內想必昏暗。落腳的Mesta Castle旅店其實是包下了閒置在美斯達城中的民居，收拾裝潢後出租給遊客，在美斯達城內的住宿僅有這間提供，也算是一種獨門生意。

古意盎然的中世紀古城

在美斯達的住處

美斯達城的中心有個充滿綠意的廣場，廣場周圍是一圈酒吧咖啡館餐廳，除了城本身就是重要景點，還有一座富麗堂皇的教堂可以參觀（我幾乎很難相信在希俄斯島居然可以用富麗堂皇來形容景點）。

悠哉走在古城，工藝品？有。紀念品？有，不要說咖啡館了，連冰淇淋專賣店都有，穿著良好的觀光客三三兩兩與我們錯身而過，餐廳的露天座椅佔去蜿蜒小弄，每間都有人坐著吃喝。路邊的招牌寫著 Fine Dining，等走進廣場旁的咖啡館，發現居然提供無線網路時簡直要痛哭流涕了。WiFi 呢？在這個千年石頭城中央大方提供給摩登現代人，真是難以置信。

第二天早上我們慢慢步行到飯店提供早餐的餐廳用很豐盛的早餐時，幸福感油然而生。（已經多少天的早餐只有麵包和蜂蜜加優格了呢），說穿了，旅行本身便是想要接近心中的憧憬，我們想見到瞬間的光與熱與美，以藉著這亮光激勵繼續走過人生常軌。因此淡季的旅行難免缺了點什麼，一級觀光點和二級觀光區給人的感動也多少有落差。這沒辦法。

城內的道路非常狹窄

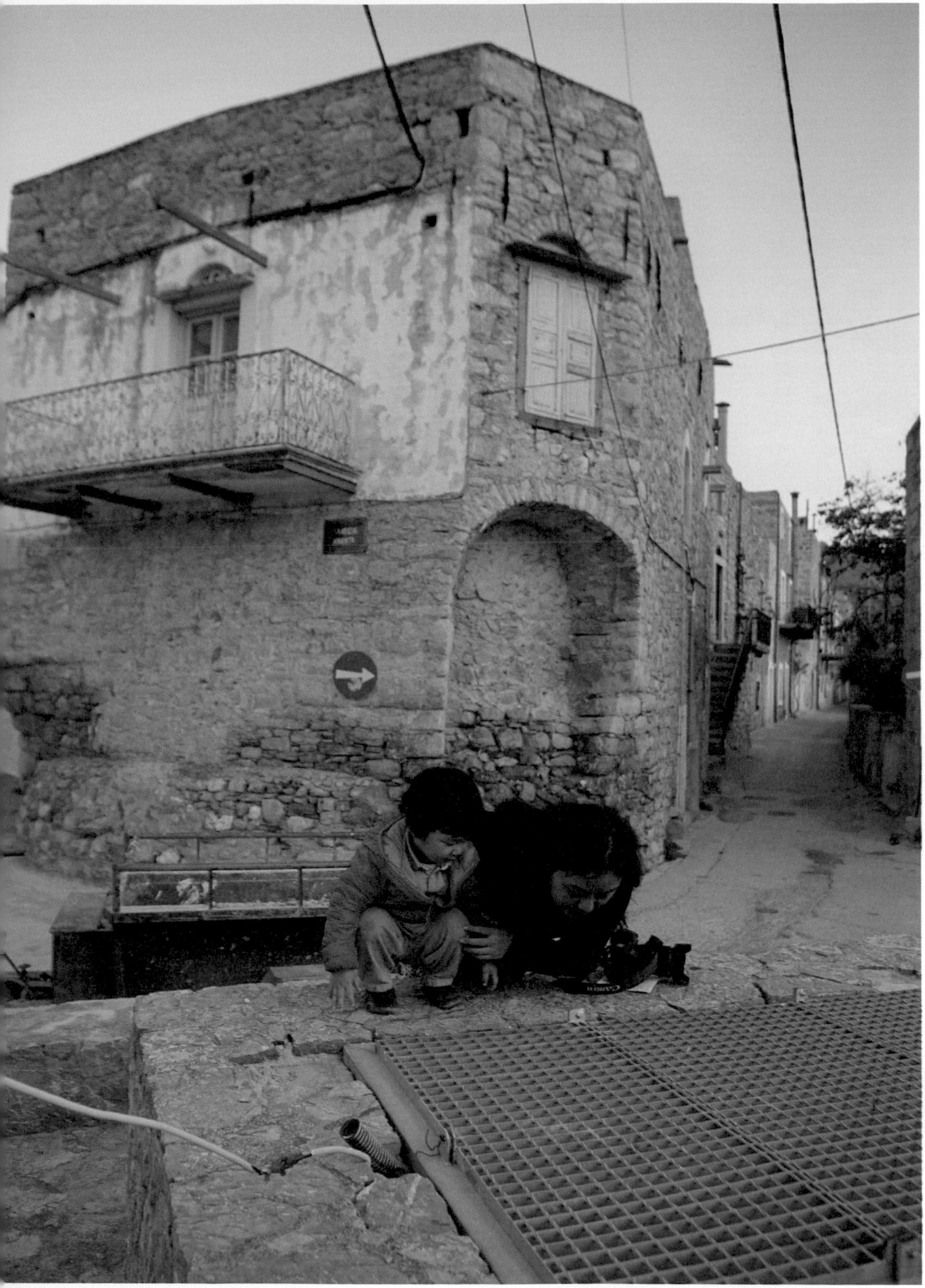

母子正在觀察美斯達城外的水井

望海的時光，沒有人的沙灘

「其實偶爾到很觀光的地方旅行也不錯嘛。」希俄斯島之行的始作俑者希波喃喃地說。

希俄斯島在希臘可以算是前十大的旅遊觀光點，畢竟希臘多達三千的島嶼中，真正有人居住只有大約兩百多個，希俄斯在其中的特色鮮明。另外，希俄斯的海灘備受稱讚。在《101 件在希俄斯必看必做的事》中，介紹各種海灘就占了五分之一，看來很不簡單。

十月不算玩水的好季節，不過陽光很好，開車在點跟點、城跟城之間，很容易就會碰到某某某沙灘。既然到了那麼下車走走也不妨礙什麼，就這樣去了很多沙灘，一個接著一個。

希臘各處或者您要說世界各處的海灘也可以，大致分成兩種，一種是有人管理，有小販、有出租陽傘躺椅、有更衣洗浴的地方、還可能有咖啡館餐廳的已開發海灘，或是完全沒人理的純天然野灘。因為不是季節，不管是「已開發」還是「純天然」，這種時候都不太有觀光客，沒有觀光客就不會出現小販，也不會有陽傘躺椅。因此我們造訪的所有希俄斯海灘，看起來都像野灘。

希俄斯島的黑沙灘

希俄斯島

我雖然沒有脫光了大大方方地享受陽光，不過多多君倒是很愜意地做了類似的事情，邁著小短腿光著屁股在沙灘上搖搖晃晃地跑。現在回想起來真後悔，為什麼我沒有加入呢？

阿吉雅黛娜米海灘（AgiaDynami Beach）是第一個讓我們見識無人海灘魅力的地方。本來，我們的目標是前往鐘乳石岩洞奧林波伊（Cave of Olympoi），結果到了才發現開放時間從五月到九月底，失望地要離開時發現旁邊的岔路似乎通往一個漂亮的沙灘。

從高處往下看，海灘很小，形狀像彎彎的月牙，在沙灘的中央卻長了幾棵樹。下去沙灘的路是一條緩坡，多多君可以走下去。於是我們停了車，抱著隨便看看的心情走向海灘。

阿吉雅黛娜米海灘有幾點很特別。第一個是樹。也許是我孤陋寡聞，這確實是第一次在海邊看見幾棵孤單單的樹極靠近海水生長，又並不是水筆仔之類的植物，儼然是天生的遮陽棚。若說夏日在這裡放幾把躺椅就是現成的游泳休憩區，要野餐也行；再來，就是晶明透亮

阿吉雅黛娜米沙灘

的海。當然，這在希臘人的眼中恐怕不算什麼，哪塊愛琴海的水不是晶瑩剔透呢。不過阿吉雅黛娜米的海水與其說是地中海的藍，更偏向馬爾地夫、大溪地那樣熱帶島國的美麗淺灘呈現出的顏色。等到走在其中，就會發現這塊海灘兼具鵝卵石和白沙的好處，白色細沙的部分淺淺地出現在海水與樹木生長處中窄小的長帶，如裙緣圈住海灣，十分漂亮。越往海中走，白沙就漸漸被灰白色的鵝卵石取代，赤腳走在圓滑的石頭上，沒有沙粒咯

開心在阿吉雅黛娜米沙灘玩水的多多君

腳，可以走得很舒服。

多多君在一歲八個月時第一次站在海灘是在墨爾本。當時小傢伙非常害怕，擔心一波波的海浪會將他也捲走，一次次努力地想跑贏打上岸的浪，一面放聲大哭。第二次是一歲十個月時，在加州17哩路的海灘，不那樣怕浪了，但很不喜歡沙，總是掙扎著要把小胖腳上的沙子處理乾淨。於是對於成長到二歲三個月的多多君到底會不會喜歡沙灘這種事，身為父母也不太確定。

我想身為父母也天然具備了不怕挫折的新本領，一種不厭其煩要孩子愛己所愛的特性，因此我們繼續領著多多君走向海中。身為孩子恐怕會厭煩，但多少成長不是從厭煩中來的呢？然而幸運的是多多君很喜歡阿吉雅黛娜米。大概走進水裡踩住的是石頭而不是細沙，他興奮得毫無方法，穿著衣褲就要栽進海裡。於是此處順理成章成為他的第一次裸泳體驗。為了慶祝多多君不再畏懼海灘，我們照著《101件在希俄斯必看必做的事》裡的第48項，在希俄斯西邊海岸Beach-hopping，陸陸續續去了非常多海灘，而且不騙你，每一個都很漂亮。

陪著孩子走向海中

希俄斯最好的餐廳

我們花了兩天時間了解在希俄斯吃飯這件事。不是開玩笑，在淡季的希俄斯吃飯還真不是太簡單。特別是當你沒事偏偏要住到山中海邊而不去住熱鬧希俄斯鎮，又要命的帶著兩歲出頭的寶寶在身邊時，在哪裡吃飯絕對是大事。

經過最初兩天連吃餅乾、喝啤酒充當一頓都發生過的悲慘遭遇，我們逐漸摸索出一套外出用餐規則，那就是找漁港和漁村，只要沿著海邊稍微大一點的城鎮，不管看起來燈光多昏暗，感覺多悽慘，多麼跟觀光景點無關，都沒關係。只要沿著港口走，一定會有餐廳亮著燈。第二守則是，那怕餐廳把桌椅擺在海灘上也好、馬路上或只有室內座位也好，只要從餐廳走到海中的距離不超過50公尺，口味幾乎就不會差到哪裡。只要觀察就可以得出規律，再野生的地方都有其法則，就是我們在希俄斯學到的真理。

希俄斯島的餐廳

搶著抱多多君的餐廳老闆和員工

依據守則在海邊吃了口味相當不錯的幾餐，值得一提的是，多多君在每一間都大受歡迎，不是我自誇，雖然多多君未必多可愛，但因為不怕生，個性討喜而深得人心。身為父母完全可以偽單身，舒舒服服享用有大塊羊奶乳酪的希臘沙拉，烤得鮮香的魚或炸得焦嫩的花枝，多多君自然有餐廳員工自告奮勇逗弄，還常發生員工和老闆娘搶人事件。

地中海菜系大體來説屬於比較健康的菜系，不過用起橄欖油來毫不手軟，所以幾天之後我們點的菜色就很少脱離烤魚和沙拉，炸物多半只叫馬力沙和花枝（您要説魷魚也可以，以英文來説都叫 squid），再加上麵包就是我們在希臘的主食。希俄斯的炸魷魚跟希臘他處的炸法有點不同，一般的炸魷魚多是切成細細的輪狀，裹粉後再油炸得酥透。希俄斯的作法是整隻下鍋炸透，端上來的盤子裡就是一隻隻橫躺的魷魚。魷魚味甜而且鮮嫩，真是非常美味。

另一樣總是很好吃的是沙拉，這固然是因為以羊奶做成的希臘Feta 起司很對味，更因為沙拉裡的番茄含有深度的滋味。地中海的番茄感覺上吸收了金黃的陽光和蔚藍海風，甜度上雖然不十分高，但是非常earthy，非常香，光是切開聞到那氣味就會感覺幸福。《愛在午夜希臘時》裡Celine 稱讚希臘番茄，These tomatoes are so amazing. I can... I can smell them! They smell so good。對！就是這樣。

另外一樣在海邊餐廳嘗試而特別難以忘懷的是紅葡萄酒。

希臘以產紅酒聞名嗎？恐怕沒有。前兩次希臘行，喝的都是烏佐酒或有辣味的白葡萄酒。在阿喬居住時，受到克利亞曼尼基的盛情款待，打開排成一字各種各樣的當地烈酒讓我們喝，絕大多數是烏佐酒。一次性地讓我們知道了烏佐酒之間的差異並不小於紅酒，也一次性地解決我們對烏佐酒的胃口。以至於後來到了海邊餐廳都點紅

靠海邊的餐廳

酒。這樣的海邊小餐廳端出來的house wine，很大一部分出於自釀，想買也買不到。我們到每間餐廳都特意叫這種最便宜的house wine，結果令人驚奇。每一間端出的紅酒都能讓人眼前一亮，要説多高級恐怕沒有，也缺乏細緻香氣，但非常甘醇勁道，樸實的反應風土人情。酒入喉的感覺是一步一步深深將地中海踩進身體裡，滋味非常，叫人難忘。

幾乎每間海濱餐廳端上來的紅酒都有相同特

性，雖然味道不盡相同。可是若是美斯達城、希俄斯鎮或山上的餐廳就不行，端出來的紅酒令人乏味。是另一件觀察得來的希俄斯法則。

若單單以食物的味道和種類來說，試過最好的餐廳還是在希俄斯鎮上，一間名為 Hotzas Tavern 的餐廳。這也是老字號招牌餐廳，做的是希臘傳統菜，味道道地，花樣也很多。此外分量實在，價格便宜，如果來這裡我們就會點釀番茄、茄子沙拉、烤牛排或放了很多石榴子的沙拉來吃，配雷濟那。

希俄斯鎮是港口城市，這間餐廳離海也不算遠，但 Hotzas Tavern 最大缺點就是藏在巷內並不好找，而且停車非常麻煩，雖然門口留有幾個車位，但沒有一次不被停滿。因此每次都必須繞上十幾分鐘。

這還是淡季，若是旅遊旺季最好不要開車前來，否則很可能會餓著肚子進不了餐廳就灰頭土臉地離開唷。

希俄斯島上自釀的美味紅酒

各種希臘菜餚

希波生日，奇異的蛋糕

希波不是一個喜好慶生的人，旅行中的生日也只能一切從簡，不過人生四十，再怎麼樣，至少要有蛋糕，能吹蠟燭，其他就沒有條件強求。然而希波的四十歲開頭在各種陰錯陽差下非常精彩，真是令人始料未及。

我想幫希波訂一個蛋糕，理想的蛋糕要是圓的，插上蠟燭不至於太侷促的大小，最後的希望是好吃。但是希臘人嗜甜程度與亞洲人並不一致，若是去看網路評論，那希臘人氣第一的甜點店，很可能對我們來說就是一咬一口糖，完全吃不下去的程度，鑒於對希俄斯島完全陌生，出發前，預先拜託了飯店的女主人安妮娜，請她先幫我訂蛋糕。

「沒問題！我們離希俄斯鎮車程只要十五分鐘，很快，我當天早上會幫妳去拿蛋糕。那間蛋糕店的蛋糕很好吃唷！」安妮娜的回覆很快速。

安妮娜的旅館在海邊，是一棟面海的兩層樓白色小屋，一組客人獨佔一棟，成排面對海，大概有十來間。雖然視覺上與海相連，但因為地勢稍高，要走到海邊相對困難。純就室內裝潢而言，倒是跟電影中Jesse和Celine下塌的飯店相似，簡單現代。飯店還在擴建中，所有者是安妮娜跟先生兩個人，看起來跟我們住的白房子很相似的房子正在空地上一間間興建，小型工程車停在旁邊，安妮娜說等我們check out就會開始動工（當然，我們又是安妮娜今年最後的客人）。「客人越多越早可以還完貸款，旅館才真正是我們的。」安妮娜說。

看起來一片嶄新的房舍已經使用八年，安妮娜很認真維護房子的狀態，乾淨整潔的程度比許多大飯店都好。她平常和先生住在希俄斯鎮，只有在旅遊季會住到飯店裡三個月，先生有正職，也要接送孩子上學，所以住在飯店的只有她。如果有客人，前一天就要住在飯店清掃打理，好給房客看到最佳狀態，因此在我們抵達前一晚，就是她一個人在小山丘空房群中伴著風聲度過一夜。

「會有一點害怕啦，不過工作嘛，再說馬上可以休息了呀。」她的眼眶下是夢想壓出的疲憊烏青，成就夢想的路哪裡有不艱難的，一個人的恐懼、與家人分離的難處，都沒有阻擋安尼娜好好管理飯店的決心。

要麻煩這樣的她一早買蛋糕真不好意思，不過希俄斯島沒有外送服務。

「我每天早上都要去鎮上的，不用擔心，妳明天起來就悄悄來我這裡拿好吧？」

我沒有一大早切生日蛋糕的打算，不過旅行中的變數很多，先拿到擺在冰箱也好。在安妮娜親切的服務下我完全沒有疑惑，一點該先問問蛋糕狀態的想法都沒有，某種程度上來說，安妮娜敬業的幾乎不像我習慣的希臘人，非常精實，不含含糊糊，也不懶散隨便，真的幾乎不像我習慣的希臘人。

所以等到拿到蛋糕時大吃一驚！

幾乎。

「這不是圓型的，可是沒有別的啦，所以囉。」安妮娜一臉抱歉地說。「為什麼是純白的？這樣不是比較像生日蛋糕嗎？」

「還是可以插蠟燭啦，我知道不是妳想的樣子但很好吃唷！這個我絕對沒騙妳！」

我摸摸鼻子，付了20歐，拿回了長得怪異的蛋糕，這個強迫中獎的蛋糕通體雪白，一點雜色都沒有，具體形容可以說如果把蛋糕從腰處橫切，能把蛋糕拆成下方的長方體和堆疊在上方的一長條等邊梯形，從側邊看，好聽一點像是一長排白房子，難聽一點也有些像棺材。四十歲的生日，人生的轉折點，這個蛋糕，真的好嗎？我打算藏起來到鎮上再看看好了。但是沒辦法，那位旅行中幾乎不太早起的先生正站在樓梯頂端睡眼矇矓地看著樓梯走到一半的我。

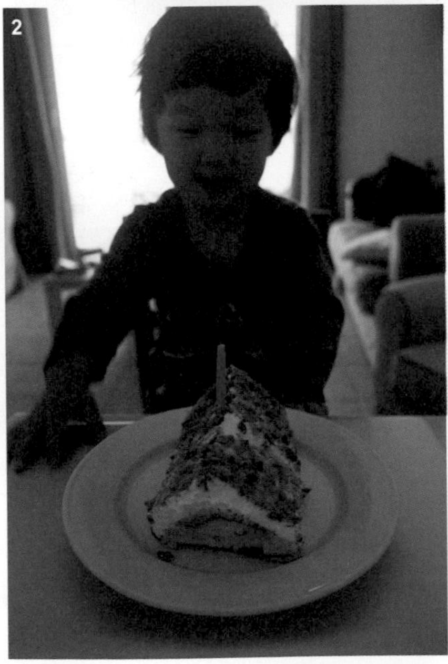

1 飯店的陽台
2 只在乎吹蠟燭的多多君

「蛋糕啊？我們早餐吃這個？」

糾結我很久的蛋糕就這樣雲淡風輕地被吃掉了，希波的眼睛可能還沒有睜開，多多君只在乎有蠟燭能吹。但是蛋糕十分美味，家人都在身邊，在美麗的希俄斯島上這樣開啟人生四十，應該也不壞。

驚險的免費帆船體驗

這天想去拍風車，再去看拉嘎達村（Village of Lagada）。

希臘風車以米克諾斯島最有名氣，不過其它島上也有。比如在聖多里尼時，我們在伊亞的居所幾乎就在風車下。希俄斯的風車也是當地的景點之一，因為始終沒機會到米克諾斯拍攝，能拍希俄斯的風車也不壞。希波對這個計畫沒有說意見，雖然是他四十歲生日的第一天，不過一個人四十歲的第一天一定要做什麼嗎？似乎也沒有。

我們先去拉嘎達村。拉嘎達村距離希俄斯鎮16公里，人口不超過2000人，但是港口很漂亮，餐廳很多。據說夏季是眾多遊客聚集的地方，遊艇也很多。就算不是季節，這裡依然非常漂亮。本地老居民主要的職業是漁夫，這一點從當地人的臉上可以很容易看出來。深刻的皺紋，粗裂的肌膚和健康的褐色，憂鬱的左巴。新居民大概是餐廳老闆群，他們跟左巴買魚，然後用很貴的價錢賣給觀光客。我猜左巴們不服氣歸不服氣，但是也無可奈何。

拉嘎達村

正在曬乾的章魚

「不會吧?妳看我看到什麼!」壽星希波在一家餐廳門口打量時驚叫。

我在聖島時努力想要找到曝曬章魚的地方，雖然據島民(和安潔莉姬的父親)的說法已經不太可能看到摔打章魚的畫面，但是夏季的小漁村還是能見到曬章魚。我從來沒有在夏季來過希臘，所謂的曬章魚，恐怕只能看明信片吧?在那天以前，我都這麼想。不過希波指著的地方，是餐廳旁一片鐵架。架得很高，上面曬滿了大章魚。

「才進貨的，再曬一天就可以拿來烤，很好吃唷!」很閒的餐廳老闆看到我拍照，於是走出來這麼說。章魚上嗡嗡地停了幾隻綠頭蒼蠅。村上春樹在希臘時常看見類似場景，因為一直看見，慢慢養成「蒼蠅要來就來吧」的無所謂心態。但我是第一次看曬章魚，也是第一次看到嗡嗡地蒼蠅怎麼黏在章魚上，還很在意這個應該再正常不過吧?因此午餐雖然進了這間餐廳，但是

皮耶的帆船

實在不想點章魚。用餐時希波跟餐廳裡除了我們以外唯一的客人聊起來。我稍微瞄一眼，單身的男客略有年紀，穿著上像義大利人，氣質和身材則像法國人。不一會，希波轉過頭來問我：「他請我們搭他的帆船去旁邊的小島玩，妳覺得怎麼樣？」

帆船？

我回過頭，認真看了一下。這位比我們晚一點來的客人果然是駕著一艘帆船來的。船正停在餐廳門口的海面上呢！

「怎麼樣？你們搭過帆船嗎？我住在旁邊的島上，過來吃飯的，現在要回去，不嫌棄的話一起走吧。」這位叫皮耶的法國男人說。

據皮耶的說法，帆船開到旁邊的小島歐尼色斯（Oinousses）約一小時，回來時他可以幫我們叫水上計程車，如此回程時間只需二十分。我們可以有機會看看歐尼色斯這個小島，他剛弄好的家就在島上，大得很，請我們去坐坐。

「我跟島上的人都很熟喔，因為真的是vee-eeery small的島，住在上面一個月還有誰會不認識。」

我們這一家，不管是希波或我或多多也好，對帆船的認知都不超過裝飾用的模型，在上船後對所有的安全認知都是零，只有無限新奇。剛出航時相當有趣，航行平穩，多多君很開心，不過等到完全駛離港口，事情就不太妙，雖然以肉眼來看並沒有太大風浪，不過不是開玩笑，帆船的傾斜度已經接近40度，多多君把頭埋進我的外套，好躲避迎面不斷撲上的海水，一邊放聲大哭，航程一路伴著心驚膽跳和幼童哭聲，直到多多君哭累睡著（約十分鐘後），大人的對話才有辦法進行下去。

「風浪這麼大，這樣正常嗎？」希波試著問皮耶。

「喔，你們是第一次搭帆船才會怕，這種程度的風大概才六級吧？頂多七級，沒什麼的。相信我，我開帆船幾十年，從來沒有出事過，現在雖然比我來的時候風浪大一點，但在這種季節很正常，不用擔心，好好享受吧！」

我和希波互看一眼，對幾級風這種事毫無概念，只默默地想今天有壽星應該不會出事吧？一面緊緊抓住船舷。我手裡抱著孩子，已經開始自動模擬如果不幸翻船，要怎麼保持讓小孩維持頭面向上的姿勢？要怎麼在水中脫掉長裙？水溫恐怕是問題，大概要不斷游動才行吧？

「這裡駕帆船的人很多嗎？」希波還在閒聊，這算是他保持鎮定的方法之一。

「很多唷，歐尼色斯島根本是帆船和遊艇的大本營。」

「那怎麼都沒有看到別的船？」確實，天氣很好，萬里無雲，但海面上怎麼看都只有我們而已。

「喔，因為風太大啦，這個時候不會有別的船出來啦。」

什麼！？！？

Celine：我總是想著，那到底是我的記憶，還是一場夢而已？

Jesse：我懂。我也如此，想著這真的是我的人生嗎？真的發生了嗎？

《愛在午夜希臘時》

所以這是真的嗎？我在一個沒有聽過的小島旁，一家人坐在一個不認識的人的帆船上，風大到快把船吹翻，還在希波生日這天。這真的「正在發生」嗎？

後來把這段經歷貼上臉書，一個玩帆船的朋友問，怎麼沒穿救生衣呢？六級風很大了。我一頭霧水地查了資料，原來根據蒲福氏風表，六級風是強風了，「大浪，白頭浪廣泛出現，波浪白沫飛布海面，在遊艇來說是大風程度」，如果在陸上出現，「大樹枝搖動，電線呼呼共振有聲，舉傘困難」。如果跨到七級風則是「應已在較早時尋找避風處」的程度了。

要命！真要命！

1 風大到快把船吹翻
2 帆船主人皮耶和希波父子

另一個小島的世界

終於下了帆船，皮耶很帥氣地把船在海面上一扔（其實也沒有其他方法），就招呼我們一起走。多多君在船要靠岸前就醒來，幸運的是當時已要進入港口，風平浪靜，小傢伙八成以為剛剛是噩夢一場，現在滿臉笑容。

「我家非常漂亮，你們一定會喜歡。我一年來這裡住上兩、三個月，很輕鬆的生活，需要的所有事情都有！陽光！海洋！美食！烏佐酒！什麼都有！很棒的地方。」皮耶說。

皮耶年紀約在六十二、三歲左右，雖然是很戶外的人，陽光卻沒有讓他顯得蒼老，體態也維持得很好，穿艷色衣服，感覺年輕。他在法國開餐廳，算是半退休狀態，一年只管餐廳幾個月，其他時間就在地中海駕船居遊，偶爾綁架像我們這樣的旅人（笑）。皮耶的豪宅離港口大約走路八分鐘，以希臘小島港口為中心的型態，是非常

皮耶的房間

方便的地方。

皮耶的大宅很驚人，真的相當大，樓上樓下加總大約有七間臥室，廚房、客廳、餐廳、早餐室也應有盡有，後院則面對廣闊的地中海。不過，面積以外，房子的狀態也很驚人，這裡幾乎沒有一間房間是「完備」的狀態，不是需要動工，就是正在動工中，比較像樣的只有起居室和皮耶的睡房。

「這棟房子是我自己整修的，全部都是我自己動手，這些收藏品、紀念品有些是我的，有些

像貓一樣自在地生活在小島

是房子本來的，很棒吧？每天晚上就在我房間，把面海的窗打開，讀書，聽海聲睡覺，沒有什麼比這種生活更好了。」皮耶請我們到他後院坐，喝氣泡水。多多君去追在院子裡伸懶腰的野貓。眼前一覽無遺的海景實在非常美，幾艘華美的船靜靜停在海灣中央。

「有一個東西你們應該要看看。」皮耶神祕兮兮地把剛坐下不久的我們召喚到另一個與主屋不相連的小屋。「這個完全是我自己建的！」皮耶打開門，讓我們進到小屋，是一座土耳其浴室。

「這玩意兒超耗電的！」念建築的希波也忍不住驚嘆，兩個男人開始就如何節能和土耳其浴室建築特點討論起來。

我放眼看這大得不像話，唯一完工處是土耳其浴室的豪宅，突然理解為什麼皮耶熱心請我們來玩的原因，恐怕是一個人在這荒僻的島上住得太寂寞的緣故。

「如果有一天，我們老了，住到這樣的小島，會變得跟他一樣嗎？」我輕聲問希波。

「不知道，但我覺得遇到他，是四十歲生日老天送的大禮，讓我知道現在努力賺錢，以後可能可以像他一樣來愛琴海當島主。」

我們是世俗的人，能想到的果然還是這個。

天色即將全黑前，總算趕到了風車處，希波將車暫時停在路邊，多多君在車上睡了，我試著在大概目前全希俄斯島交通最繁忙的路上穿越馬路去拍風車，結果卡在路中間進退不得好久。希臘人果然沒有禮讓行人這一說。

希波搖下車窗，趴在上面看著我穿過馬路回來，眼裡寫滿了「妳這個瘋子！」的訊息。

「欸，我四十了耶。」他說。笑笑的。

Jesse：I'm forty-one and I have loved only you.

《愛在午夜希臘時》

趕在天黑前拍了風車

邊界湖中島上的小村

後記

2016 年的邊界紀行

帶著多多君訪希臘時，在塞薩洛尼基與希俄斯島之間，還去了一個地方。

當然，再訪塞薩洛尼基時，不管是我和希波這邊，或是安潔莉姬與舒馬赫那邊，人生都在持續前進，不過感情沒變。不管是我和希波之間、安潔莉姬與舒馬赫之間，或我們與他們之間。所以即便安潔莉姬已經返回塞薩洛尼基工作，而舒馬赫在這段時間裡又老了三歲，他們還是想抽一天帶我們去什麼地方。

「就去邊界吧。」安潔莉姬說，「上次我就想帶你們去那裡了。」

於是照舊是舒馬赫開車，跟上次唯一的不同是車上多了多多君，還有他手上玩著新到手的希臘玩具─來自他的教母安潔莉姬的餽贈，不斷發出的希臘幼兒歌取代了悲傷的希臘民謠。

「兜斗，說耶素。」安潔莉姬試圖教多多君簡單實用的希臘語。在再見時、打招呼時，都叫他說「耶素」，據說這是很好用的詞，彷彿什麼時候都可以使用，好像道謝也可以這麼講。結果成為多多君和我們唯二會說的希臘語（另一個是道早安的咖哩．沒拉）。舒馬赫的車行速度依然快得驚人，安潔莉姬已經不再高談闊論結婚生子的事，滿口都是工作。據她說薪水雖然沒有特別好，但是她好喜歡。能做自己喜歡的事多麼幸福，我微笑著想，看著安潔莉姬一路緊緊抱著多多君。

安潔莉姬開心抱著多多君

安潔莉姬父女和多多君

抵達邊界，我們下了車，走上一座浮在小普雷斯帕湖（Limni Mikri Prespa）上的橋，通往湖中小島。這是一座邊界湖，處於希臘、馬其頓和阿爾巴尼亞三國之間。湖面不算寬廣，湖邊是高高低低的蘆葦。多多君一手牽著安潔莉姬，一手牽著舒馬赫，很快樂的往前走。舒馬赫慈愛地看著他，在他保護下，一路上我和希波都不擔心，於旅途中難得地彼此攜手走在長長的浮橋上。

「發生好多事的三年。」我說。看著舒馬赫牽著多多君的手，心中感觸良多。

希波用力捏了一下我的手。

「我們會一直這樣走下去嗎？如果沒有結婚的話。」

「不會，妳會把我甩了。」

「也是。這點我跟 Celine 一點都不像。」

「我還記得妳住巴黎的朋友說，他不相信妳肯穿白紗結婚。大概以為妳是鐵桿女性主義擁護者。不過，Celine 在電影裡結婚了吧？」

「沒有，他們有過一段對話，Celine 說他們的女兒又問她婚禮的事，她只好回答他們的婚禮很低調。Jesse 就說是啊，低調到他都不記得。所以他們應該沒有結婚，只是同居。」

「喔……那也許第四集會演晚年之後 Celine 和 Jesse 終於步上禮堂，像在飛機上看的《我的希臘婚禮2》一樣。」

「雖然我也希望會出現奇蹟般的第四集。不過，五十歲的茱莉蝶兒我可能不太想看了。」

「可是，我們也四十歲了啊！」

Celine：你有辦法再忍受我五十六年嗎？

Jesse：非常期待。

《愛在午夜希臘時》

讓我們為人生的美好舉杯！

國家圖書館出版品預行編目資料

在希臘發現愛 ： 愛在午夜希臘的心旅記 / 陳彧馨文. 攝影.
-- 初版. -- 臺北市 ： 華成圖書， 2019.07
面 ； 公分. --（讀旅家系列 ； R0107）
ISBN 978-986-192-351-2（平裝）
1. 旅遊 2. 希臘

749.59　　108007760

讀旅家系列　R0107

在希臘發現愛 愛在午夜希臘的心旅記

作　者／陳彧馨

出版發行／華杏出版機構
華成圖書出版股份有限公司
華成官網 www.far-reaching.com.tw
11493台北市內湖區洲子街72號5樓（愛丁堡科技中心）
户　　名　華成圖書出版股份有限公司
郵政劃撥　19590886
華成信箱　huacheng@email.farseeing.com.tw
電　　話　02-27975050
傳　　真　02-87972007
華成創辦人　郭麗群
發 行 人　蕭聿雯
總 經 理　蕭紹宏
主　　編　王國華
責任編輯　蕭安妮
特約編輯　高旻君
特約美術設計　陳明珠
美術設計　張瑞玲
印務主任　何麗英
法律顧問　蕭雄淋
華杏官網　www.farseeing.com.tw
華杏營業部　adm@email.farseeing.com.tw

定　價／以封底定價為準
出版印刷／2019年7月初版1刷

總經銷／知己圖書股份有限公司
台中市工業區30路1號　電話 04-23595819　傳真 04-23597123